가나안정복이야기

– 여호수아 · 사사기 · 룻기 직역 큐티

가나안정복이야기

– 여호수아 · 사사기 · 룻기 직역 큐티

김상수 목사 지음

문서사역
|종|려|가|지|

추천사

나는 오늘날에도 종교개혁이 일어날 수 있는지 자주 질문을 받는다. 그런 질문을 받을 때마다 일어날 수 없다고 한 마디로 딱 잘라 말한다.

다각적인 이유가 많이 있겠지만 그 가운데 하나는 문서와 관련된 것이다. 그 시대는 인쇄술이 우리보다 훨씬 못 미치는 상황이었음에도 불구하고, 유럽 각지에서 개혁의 기치를 따르는 인물들이 자국어로 다양한 성경을 번역하여 출판하는 데 앞을 다투었다. 게다가 성경 번역과 함께 신교 목회자들이 혼신의 힘을 다해서 성경을 풀어내는 글을 써서 출판하였다.

이와 달리, 오늘날 교회는 성경을 새롭게 번역하는 데 힘쓰지 않을 뿐 더러 목회자들은 성경을 해설하는 글을 내는 데 힘쓰지 않는다. 이런 실정에서 무슨 종교개혁이 일어나겠는가?

금 번에, 성경 원문을 직역하면서 풀이한 김상수 목사님의 해설서가 세상에 빛을 보았다. 목사님은 신학교 시절부터 지금까지 40년 세월을 원문과 씨름하면서 성경을 연구하였다.

그는 성경 원문이 골수까지 배여 있는 분으로 우리말 어법을 따르는 매끄러운 번역보다 원문의 느낌을 되도록 그대로 살리는 번역에 충실하다. 때때로 이런 번역이 쉽게 읽히지는 않을지 모르겠으나 성경의 진의를 파악하는 데는 훨씬 유익하다는 사실을 놓치면 안 된다. 단번에 이해되지 않기에 곱씹어 볼만하지 않은가.

또한 목사님의 해설은 본문을 우리의 현실에 적용하고 있다는 점에서 큰 공헌을 한다. 그는 단어와 문장을 세세하게 따지는 것보다 전체 문맥의 의미를 우리의 처지에서 드러내는 데 주력한다. 이렇게 하여 성경은 옛날의 문서가 아니라 오늘의 설교로 변한다.

한 마디로 말해서 그의 해설을 읽으면 믿음으로 살도록 고무하는 뜨거운 감동을 느끼게 된다. 이런 의미에서 김상수 목사님의 성경 원문 직역 해설은 종교개혁을 우리 시대로 연장시키는 놀라운 도구임에 틀림없다.

조 병 수

합동신학대학원대학교 총장 역임 / 명예교수
프랑스 위그노 연구소 대표

서문

하나님의 부르심 가운데 40년 전, 수원의 합동신학원에서 개혁신학을 접하게 하셨습니다. 30년의 연단 후에, 하나님의 섭리 가운데 직장의 늦은 퇴근으로 성경공부 그룹에 들어오지 못하는, 섬기는 교회의 청년을 양육하기 위해 카톡으로 성경직역 원문강해가 시작되었습니다.

12년 동안 하루도 거를 수가 없었습니다. 하나님께서 강권하시는 역사 가운데 말씀으로 저를 사로잡아주셨기 때문입니다.

주명교회 성도들과 예수 그리스도 안에서 함께 지어져 가는 수많은 지체들에게 성경 66권의 진리를 드러낼 수 있도록 은혜를 주신 삼위일체 하나님께 영광을 돌립니다.

연약한 저를 위해 기도하시는 수많은 지체들에게 감사드립니다. 하나님의 은혜와 말씀을 사랑하고 사모하는 지체들의 뜨거운 요청에 힘입어 카톡 큐티로 쓴 성경직역 원문 강해서를 출판하게 되었습니다. 역사적인 전통적 교회의 입장인 성경론과 신론, 인죄론 기독론 구원론과 교회론을 터로 삼았습니다.

역사적으로 검증되고 공적으로 선포된 초대 교부들의 표준문서와 16세기, 17세기에 걸친 종교개혁자들의 표준문서를 울타리로 삼았습니다.

- 원문에 근거한 문법적 해석을 했습니다.
- 성경에 나타난 각 시대의 역사적 상황과 교회사를 고려 했습니다.

- 성령님의 조명으로 현 시대에 알맞게 적용하려고 했습니다.
- 성경 66권에서 말씀 하시는 바른 교리, 바른 예배와 바른 교회법을 드러내기 위해 힘썼습니다.

성경 66권에서 가르치시는 인생의 본분인 하나님을 영화롭게 하고 하나님을 기뻐하고 즐거워 하며 하나님을 경외하고 하나님 말씀에 순종하며 삼위 일체 하나님과 예수 그리스도와의 거룩한 다스림에 날마다 참여되며 삼위일체 하나님과 예수 그리스도를 날마다 알아가고 닮아가는 우리들이 되기를 소원하는 마음으로 썼습니다.

하나님의 창조와 재창조의 사역과 성자 하나님의 구속사역과 성령 하나님의 성화와 은총 가운데서 잃어버린 양들을 찾고 잃어버린 양들을 하나님께서 받으시는 산제물이 되게 하시는 거룩한 사역에 참여되는 우리 모두가 되기 위하여 썼습니다.

지체들의 성원에 힘입어 '모세오경이야기 2'를 내어 놓게 되었습니다. 헌신하신 주명교회 성도님들과 사랑하는 아내와 아들과 종려가지 출판사 대표이신 한치호 목사님과 평창의 백기호 목사님께 깊은 감사를 드립니다.

예수 그리스도 안에서 더불어 함께 지어져 가는 모든 공시적 보편된 교회와 그 지체들에게 카톡 큐티로 쓴 성경직역 원문강해서를 바칩니다.

오직 하나님께 영광 돌립니다.

2023년 2월

김 상 수

목사 / 대한예수교장로회 주명교회

차례

룻기

여호수아

여호수아 1장 1절

> "여호와의 종 모세가 죽은 후에 여호와께서 모세의 수종자 눈의 아들 여호수아에게 말씀하여 이르시되"(개역개정판)
>
> "그리고 여호와의 종 모세가 죽은 후에 그리고 여호와께서 모세의 시종 눈의 아들 여호수아에게 말씀하셨다. 말씀하시기를"(원문직역)

여호수아 1장은 하나님께서 여호수아와 이스라엘 백성들이 가나안 땅을 정복할 수 있도록 준비시키시는 말씀입니다.

가나안 땅을 정복케 하시는 하나님께서는?

첫째, 언약을 신실하게 이행하시는 분입니다.

"여호와의 종 모세가 죽은 후에 여호와께서 모세의 수종자 눈의 아들 여호수아에게 말씀하여 이르시되 내 종 모세가 죽었으니 이제 너는 이 모든 백성과 더불어 일어나 이 요단을 건너 내가 그들 곧 이스라엘 자손에게 주는 그 땅으로 가라 내가 모세에게 말한 바와 같이 너희 발바닥으로 밟는 곳은 모두 내가 너희에게 주었노니 곧 광야와 이 레바논에서부터 큰 강 곧 유브라데 강까지 헷 족속의 온 땅과 또 해 지는 쪽 대해까지 너희의 영토가 되리라"(수 1:1~4)

"그 날에 여호와께서 아브람과 더불어 언약을 세워 이르시되 내가 이 땅을 애굽 강에서부터 그 큰 강 유브라데까지 네 자손에게 주노니"(창 15:18)

둘째, 동행하시는 분입니다.

"네 평생에 너를 능히 대적할 자가 없으리니 내가 모세와 함께 있었던 것 같이 너와 함께 있을 것임이니라 내가 너를 떠나지 아니하며 버리지 아니하리니"(수 1:5)

셋째, 언약 백성의 위치에서 강하고 담대한 마음을 요구하시는 분입니다.

"강하고 담대하라 너는 내가 그들의 조상에게 맹세하여 그들에게 주리라 한 땅을 이 백성에게 차지하게 하리라"(수 1:6)

넷째, 말씀의 순종을 요구하시는 분입니다.

"오직 강하고 극히 담대하여 나의 종 모세가 네게 명령한 그 율법을 다 지켜 행하고 우로나 좌로나 치우치지 말라 그리하면 어디로 가든지 형통하리니 이 율법책을 네 입에서 떠나지 말게 하며 주야로 그것을 묵상하여 그 안에 기록된 대로 다 지켜 행하라 그리하면 네 길이 평탄하게 될 것이며 네가 형통하리라 내가 네게 명령한 것이 아니냐 강하고 담대하라 두려워하지 말며 놀라지 말라 네가 어디로 가든지 네 하나님 여호와가 너와 함께 하느니라 하시니라"(수 1:7~9)

하나님 나라를 유업으로 받는 그리스도인들은 하나님 말씀과 하나님께서 세우신 질서에 순종하는 사람들입니다.(수 1:10~18)

"이에 여호수아가 그 백성의 관리들에게 명령하여 이르되 진중에 두루 다니며 그 백성에게 명령하여 이르기를 양식을 준비하라 사흘 안에 너희가 이 요단을 건너 너희의 하나님 여호와께서 너희에게 주사 차지하게 하시는 땅을 차지하기 위하여 들어갈 것임이니라 하라"(수 1:10~11)

"누구든지 당신의 명령을 거역하며 당신의 말씀을 순종하지 아니하는 자는 죽임을 당하리니 오직 강하고 담대하소서"(수 1:18)

그러므로 성삼위 하나님의 은혜로 하나님 말씀과 교회의 질서에 순종하며 하나님을 영화롭게 하는 우리 모두가 되기를 기도합니다..

여호수아 2장 1절

"눈의 아들 여호수아가 싯딤에서 두 사람을 정탐꾼으로 보내며 이르되 가서 그 땅과 여리고를 엿보라 하매 그들이 가서 라합이라 하는 기생의 집에 들어가 거기서 유숙하더니"(개역개정판)

"그리고 눈의 아들 여호수아가 싯딤으로부터 정탐꾼 두 사람을 은밀하게 보냈다. 말하기를 너희는 가라 너희는 그 땅과 그리고 여리고를 살펴보라. 그리고 그들이 올라갔다. 그리고 그들이 창녀의 집으로 들어갔다. 그리고 그녀의 이름은 라합이었다. 그리고 그들이 거기에 묵었다"(원문직역)

여호수아 2장은 여호수아가 보내는 두명의 정탐꾼과 창녀 라합에 관한 말씀입니다.

두명의 정탐꾼은 하나님의 섭리가운데 창녀 라합의 집에 묵게 되었습니다.

"눈의 아들 여호수아가 싯딤에서 두 사람을 정탐꾼으로 보내며 이르되 가서 그 땅과 여리고를 엿보라 하매 그들이 가서 라합이라 하는 기생의 집에 들어가 거기서 유숙하더니"(수 2:1)

창녀 라합은 예수 그리스도의 조상이 되었습니다.

"살몬은 라합에게서 보아스를 낳고 보아스는 룻에게서 오벳을 낳고 오벳은 이새를 낳고 이새는 다윗 왕을 낳으니라 다윗은 우리야의 아내에게서 솔로몬을 낳고"(마 1:5~6)

믿음은?

첫째, 하나님의 선물입니다.

"말하되 여호와께서 이 땅을 너희에게 주신 줄을 내가 아노라"(수 2:9상)

"너희는 그 은혜에 의하여 믿음으로 말미암아 구원을 받았으니 이것은 너희에게서 난 것이 아니요 하나님의 선물이라"(엡 2:8)

둘째, 들음에서 납니다.

"우리가 너희를 심히 두려워하고 이 땅 주민들이 다 너희 앞에서 간담이 녹나니 이는 너희가 애굽에서 나올 때에 여호와께서 너희 앞에서 홍해 물을 마르게 하신 일과 너희가 요단 저쪽에 있는 아모리 사람의 두 왕 시혼과 옥에게 행한 일 곧 그들을 전멸시킨 일을 우리가 들었음이니라 우리가 듣자 곧 마음이 녹았고 너희로 말미암아 사람이 정신을 잃었나니 너희의 하나님 여호와는 위로는 하늘에서도 아래로는 땅에서도 하나님이시니라"(수 2:9하~11)

"그러므로 믿음은 들음에서 나며 들음은 그리스도의 말씀으로 말미암았느니라"(롬 10:17)

셋째, 구체적 행위를 하게 합니다.

"그 여인이 그 두 사람을 이미 숨긴지라 이르되 과연 그 사람들이 내게 왔었으나 그들이 어디에서 왔는지 나는 알지 못하였고 그 사람들이 어두워 성문을 닫을 때쯤 되어 나갔으니 어디로 갔는지 내가 알지 못하나 급히 따라가라 그리하면 그들을 따라잡으리라 하였으나 그가 이미 그들을 이끌고 지붕에 올라가서 그 지붕에 벌여 놓은 삼대에 숨겼더라"(수 2:4~6)

"라합이 그들을 창문에서 줄로 달아 내리니 그의 집이 성벽 위에 있으므로 그가 성벽 위에 거주하였음이라 라합이 그들에게 이르되 두렵건대 뒤쫓는 사람들이 너희와 마주칠까 하노니 너희는 산으로 가서 거기서 사흘 동안 숨어 있다가 뒤쫓는 자들이 돌아간 후에 너희의 길을 갈지니라"(수 2:15~16)

"또 이와 같이 기생 라합이 사자들을 접대하여 다른 길로 나가게 할 때에 행함으로 의롭다 하심을 받은 것이 아니냐 영혼 없는 몸이 죽은 것 같이 행함이 없는 믿음은 죽은 것이니라"(약 2:25~26)

믿음의 선물을 받게 하시는 유일한 중보자 예수 그리스도는 악하고 음란한 죄인들을 품에 안고 이 세상에 오신 분입니다.

> "아들을 낳으리니 이름을 예수라 하라 이는 그가 자기 백성을 그들의 죄에서 구원할 자이심이라 하니라"(마 1:21)

그러므로 성삼위 하나님의 은혜로 바른 믿음을 소유하며 하나님을 영화롭게 하는 우리 모두가 되기를 기도합니다.

여호수아 3장 1절

"또 여호수아가 아침에 일찍이 일어나서 그와 모든 이스라엘 자손들과 더불어 싯딤에서 떠나 요단에 이르러 건너가기 전에 거기서 유숙하니라""(개역개정판)

"그리고 여호수아가 아침에 일찍 일어났다. 그리고 그들이 그 싯딤에서부터 떠났다. 그리고 그와 모든 이스라엘 아들들이 그 요단까지 이르렀다. 그리고 그들이 건너기 전에 거기에 묵었다"(원문직역)

여호수아 3장은 이스라엘 백성들이 요단강을 건너는 말씀입니다.

하나님 나라를 유업으로 받는 그리스도인들은?

첫째, 거룩의 위치에서 살아야 합니다.

"여호수아가 또 백성에게 이르되 너희는 자신을 성결하게 하라 여호와께서 내일 너희 가운데에 기이한 일들을 행하시리라"(수 3:5)

둘째, 예수 그리스도를 따라 가야 합니다.

"여호수아가 또 제사장들에게 말하여 이르되 언약궤를 메고 백성에 앞서 건너라 하매 곧 언약궤를 메고 백성에 앞서 나아가니라 여호와께서 여호수아에게 이르시되 내가 오늘부터 시작하여 너를 온 이스라엘의 목전에서 크게 하여 내가 모세와 함께 있었던 것 같이 너와 함께 있는 것을 그들이 알게 하리라 너는 언약궤를 멘 제사장들에게 명령하여 이르기를 너희가 요단 물 가에 이르거든 요단에 들어서라 하라"(수 3:6~8)

법궤와 여호수아는 예수 그리스도를 예표합니다.

셋째, 하나님 말씀에 순종해야 합니다.(수 3:9~17)

"백성이 요단을 건너려고 자기들의 장막을 떠날 때에 제사장들은 언약궤를 메고 백성 앞에서 나아가니라 요단이 곡식 거두는 시기에는 항상 언덕에 넘치더라 궤를 멘 자들이 요단에 이르며 궤를 멘 제사장들의 발이 물 가에 잠기자 곧 위에서부터 흘러내리던 물이 그쳐서 사르단에 가까운 매우 멀리 있는 아담 성읍 변두리에 일어나 한 곳에 쌓이고 아라바의 바다 염해로 향하여 흘러가는 물은 온전히 끊어지매 백성이 여리고 앞으로 바로 건널새 여호와의 언약궤를 멘 제사장들은 요단 가운데 마른 땅에 굳게 섰고 그 모든 백성이 요단을 건너기를 마칠 때까지 모든 이스라엘은 그 마른 땅으로 건너갔더라"(수 3:14~17)

하나님 나라를 유업으로 받은 그리스도인들은 거룩한 위치에서 예수 그리스도를 따르며 하나님 말씀에 순종하는 사람들입니다.

그러므로 성삼위 하나님의 은혜로 그리스도인의 바른 위치에서 살아가며 하나님을 영화롭게 하는 우리 모두가 되기를 기도합니다..

여호수아 4장 7절

"그들에게 이르기를 요단 물이 여호와의 언약궤 앞에서 끊어졌나니 곧 언약궤가 요단을 건널 때에 요단 물이 끊어졌으므로 이 돌들이 이스라엘 자손에게 영원히 기념이 되리라 하라 하니라"(개역개정판)

"그리고 너희는 그들에게 말할 것이다. 그 요단의 물들이 여호와의 언약의 궤 앞으로부터 끊어졌다는 것을 그것이 요단으로 건널 때에 그 요단의 물들이 끊어졌다. 그리고 이 돌들이 이스라엘 아들들에게 영원히 기념이 될 것이다."(원문직역)

여호수아 4장은 요단강을 건넌 이후에 기념비를 세우는 말씀입니다.

하나님 나라를 유업으로 받은 그리스도인들은?

첫째, 구속의 은총을 항상 기억하고 감사하는 사람들입니다.(수 4:1~9)

"그들에게 이르기를 요단 물이 여호와의 언약궤 앞에서 끊어졌나니 곧 언약궤가 요단을 건널 때에 요단 물이 끊어졌으므로 이 돌들이 이스라엘 자손에게 영원히 기념이 되리라 하라 하니라"(수 4:7)

신약의 그리스도인들은 세례와 성찬으로 구속의 은총을 찬양하고 감사하며 전능하신 하나님의 영광을 드러내는 사람들입니다.

둘째, 주신 사명에 순종하는 사람들입니다.(신 4:10~14)

"또 여호와께서 여호수아에게 명령하사 백성에게 말하게 하신 일 곧 모세가 여호수아에게 명령한 일이 다 마치기까지 궤를 멘 제사장들이 요단 가운데에 서 있고 백성은 속히 건넜으며 모든 백성이 건너기를 마친 후에 여호와의 궤와 제사장들이 백성의 목전에서 건넜으며 르우벤 자손과 갓 자손과 므낫세 반 지파는 모세가 그들에게 이른 것 같이 무장하고 이스라엘 자손들보다 앞서 건너갔으니 무장한 사만 명 가량이 여호와 앞에서 건너가 싸우려고 여리고 평지에 이르니라"(수 4:10~13)

셋째, 하나님 말씀에 순종하는 사람들입니다.(신 4:15~22)

"여호수아가 제사장들에게 명령하여 이르기를 요단에서 올라오라 하매 여호와의 언약궤를 멘 제사장들이 요단 가운데에서 나오며 그 발바닥으로 육지를 밟는 동시에 요단 물이 본 곳으로 도로 흘러서 전과 같이 언덕에 넘쳤더라"(수 4:17~18)

넷째, 하나님을 경외하는 사람들입니다.

"너희의 하나님 여호와께서 요단 물을 너희 앞에서 마르게 하사 너희를 건너게 하신 것이 너희의 하나님 여호와께서 우리 앞에 홍해를 말리시고 우리를 건너게 하심과 같았나니 이는 땅의 모든 백성에게 여호와의 손이 강하신 것을 알게 하며 너희가 너희의 하나님 여호와를 항상 경외하게 하려 하심이라하라"(수 4:23~24)

그리스도인은 예수 그리스도의 대속 사역의 은총의 터 위에서 주신 사명과 하나님 말씀에 순종하며 하나님을 날마다 경외하는 사람들입니다.

그러므로 성삼위 하나님의 은혜로 전능하신 하나님을 선하고 거룩하게 두려워하며 하나님을 영화롭게 하는 우리 모두가 되기를 기도합니다.

여호수아 5장 1절

"요단 서쪽의 아모리 사람의 모든 왕들과 해변의 가나안 사람의 모든 왕들이 여호와께서 요단 물을 이스라엘 자손들 앞에서 말리시고 우리를 건너게 하셨음을 듣고 마음이 녹았고 이스라엘 자손들 때문에 정신을 잃었더라"(개역개정판)

"그리고 서쪽으로 그 요단의 건너편에 있는 그 아모리 사람의 모든 왕들과 그리고 그 바닷가에 있는 그 가나안 사람의 모든 왕들이 여호와께서 이스라엘 아들들 앞에서 그들이 건널때까지 그 요단의 물들을 마르게 한 것을 들었다. 그러자 그들의 마음이 녹았다. 그리고 이스라엘 아들들 때문에 그들 안에 있는 정신이 더 이상 없었다"(원문직역)

여호수아 5장은 이스라엘 백성들이 요단 강을 건넌 이후 할례 의식을 행하고 유월절을 지키는 말씀입니다.

할례는 언약 백성의 표입니다.

예수 그리스도의 대속 사역 은총으로 모든 죄가 사함받고 하나님의 의 안에 거한다는 표이며, 하나님 나라 백성 된 표이며, 예수 그리스도의 몸 된 교회의 지체가 된 표입니다.

구약의 할례의 의식은 신약의 성례식인 세례로 성취되었습니다.(수 5:1~9)

"또 그 모든 백성에게 할례 행하기를 마치매 백성이 진중 각 처소에 머물며 낫기를 기다릴 때에 여호와께서 여호수아에게 이르시되 내가 오늘 애굽의 수치를 너희에

게서 떠나가게 하였다 하셨으므로 그 곳 이름을 오늘까지 길갈이라 하느니라"(수 5:8~9)

"또 그 안에서 너희가 손으로 하지 아니한 할례를 받았으니 곧 육의 몸을 벗는 것이요 그리스도의 할례니라 너희가 세례로 그리스도와 함께 장사되고 또 죽은 자들 가운데서 그를 일으키신 하나님의 역사를 믿음으로 말미암아 그 안에서 함께 일으키심을 받았느니라"(골 2:11~12)

세례 받고 예수 그리스도의 몸 된 교회의 지체가 된 그리스도인들은?

첫째, 예수 그리스도의 대속 사역 은총의 터 위에서 교리적 성결과 도덕적 성결의 삶을 살아야 합니다.

"또 이스라엘 자손들이 길갈에 진 쳤고 그 달 십사일 저녁에는 여리고 평지에서 유월절을 지켰으며 유월절 이튿날에 그 땅의 소산물을 먹되 그 날에 무교병과 볶은 곡식을 먹었더라"(수 5:10~11)

둘째, 하나님 말씀을 날마다 먹어야 합니다.

"또 그 땅의 소산물을 먹은 다음 날에 만나가 그쳤으니 이스라엘 사람들이 다시는 만나를 얻지 못하였고 그 해에 가나안 땅의 소출을 먹었더라"(수 5:12)

그리스도인들이 날마다 하나님 말씀을 먹지 않으면 세상의 기쁨과 즐거움과 쾌락으로 영(정신)적인 허기를 채웁니다.

셋째, 교회 머리이신 예수 그리스도에게 순종해야 합니다.

"여호수아가 여리고에 가까이 이르렀을 때에 눈을 들어 본즉 한 사람이 칼을 빼어 손에 들고 마주 서 있는지라 여호수아가 나아가서 그에게 묻되 너는 우리를 위하느냐 우리의 적들을 위하느냐 하니 그가 이르되 아니라 나는 여호와의 군대 대장으로 지금 왔느니라 하는지라 여호수아가 얼굴을 땅에 대고 엎드려 절하고 그에게 이르되 내 주여 종에게 무슨 말씀을 하려 하시나이까"(수 5:13~14)

예수 그리스도는 치리회(당회, 노회, 총회) 안에서 교회법을 가지시고 다스리십니다.

넷째, 거룩의 위치에서 살아야 합니다.

"여호와의 군대 대장이 여호수아에게 이르되 네 발에서 신을 벗으라 네가 선 곳은 거룩하니라 하니 여호수아가 그대로 행하니라"(수 5:15)

그리스도인들은 죄와 부패를 멀리하고 날마다 자신의 몸을 산 제사로 드리는 생활 예배를 드리며 거룩한 주일에 성령님과 말씀을 따라 바른 공적 대예배를 드리며 날마다 삼위일체 하나님과 예수 그리스도를 알아가며 닮아가는 사람들입니다.

"그러므로 형제들아 내가 하나님의 모든 자비하심으로 너희를 권하노니 너희 몸을 하나님이 기뻐하시는 거룩한 산 제물로 드리라 이는 너희가 드릴 영적 예배니라 너희는 이 세대를 본받지 말고 오직 마음을 새롭게 함으로 변화를 받아 하나님의 선하시고 기뻐하시고 온전하신 뜻이 무엇인지 분별하도록 하라"(롬 12:1~2)

그러므로 성삼위 하나님의 은혜로 거룩한 위치에서 살아가며 하나님을 영화롭게 하는 우리 모두가 되기를 기도합니다.

여호수아 6장 2절

"여호와께서 여호수아에게 이르시되 보라 내가 여리고와 그 왕과 용사들을 네 손에 넘겨 주었으니"(개역개정판)

"그리고 여호와께서 여호수아에게 말씀하셨다. 보라 내가 네 손안에 여리고와 그 왕과 그 군대 용사를 주었다"(원문직역)

여호수아 6장은 이스라엘 백성들이 여리고 성을 정복하는 말씀입니다.

여리고 성을 정복하게 하시는 하나님은?

첫째, 언약을 신실하게 이행하시는 분입니다.

"여호와께서 여호수아에게 이르시되 보라 내가 여리고와 그 왕과 용사들을 네 손에 넘겨 주었으니"(수 6:2)

"그 날에 여호와께서 아브람과 더불어 언약을 세워 이르시되 내가 이 땅을 애굽 강에서부터 그 큰 강 유브라데까지 네 자손에게 주노니 곧 겐 족속과 그니스 족속과 갓몬 족속과 헷 족속과 브리스 족속과 르바 족속과 아모리 족속과 가나안 족속과 기르가스 족속과 여부스 족속의 땅이니라 하셨더라"(창 15:18~21)

"네 하나님 여호와께서 그들을 네게 넘기시고 그들을 크게 혼란하게 하여 마침내 진멸하시고 그들의 왕들을 네 손에 넘기시리니 너는 그들의 이름을 천하에서 제하여 버리라 너를 당할 자가 없이 네가 마침내 그들을 진멸하리라"(신 7:23~24)

둘째, 명령하시는 분입니다.

"너희 모든 군사는 그 성을 둘러 성 주위를 매일 한 번씩 돌되 엿새 동안을 그리하라 제사장 일곱은 일곱 양각 나팔을 잡고 언약궤 앞에서 나아갈 것이요 일곱째 날에는 그 성을 일곱 번 돌며 그 제사장들은 나팔을 불 것이며 제사장들이 양각 나팔을 길게 불어 그 나팔 소리가 너희에게 들릴 때에는 백성은 다 큰 소리로 외쳐 부를 것이라 그리하면 그 성벽이 무너져 내리리니 백성은 각기 앞으로 올라갈지니라 하시매"(수 6:3~5)

"이 성과 그 가운데에 있는 모든 것은 여호와께 온전히 바치되 기생 라합과 그 집에 동거하는 자는 모두 살려 주라 이는 우리가 보낸 사자들을 그가 숨겨주었음이니라 너희는 온전히 바치고 그 바친 것 중에서 어떤 것이든지 취하여 너희가 이스라엘 진영으로 바치는 것이 되게 하여 고통을 당하게 되지 아니하도록 오직 너희는 그 바친 물건에 손대지 말라 은금과 동철 기구들은 다 여호와께 구별될 것이니 그것을 여호와의 곳간에 들일지니라 하니라"(수 6:17~19)

"여호수아가 그 때에 맹세하게 하여 이르되 누구든지 일어나서 이 여리고 성을 건축하는 자는 여호와 앞에서 저주를 받을 것이라 그 기초를 쌓을 때에 그의 맏아들을 잃을 것이요 그 문을 세울 때에 그의 막내 아들을 잃으리라 하였더라"(수 6:26)

하나님 나라 백성의 위치는 순종입니다.

"여호수아가 백성에게 이르기를 마치매 제사장 일곱은 양각 나팔 일곱을 잡고 여호와 앞에서 나아가며 나팔을 불고 여호와의 언약궤는 그 뒤를 따르며 그 무장한 자들은 나팔 부는 제사장들 앞에서 행진하며 후군은 궤 뒤를 따르고 제사장들은 나팔을 불며 행진하더라"(수 6:8~9)

"이에 백성은 외치고 제사장들은 나팔을 불매 백성이 나팔 소리를 들을 때에 크게 소리 질러 외치니 성벽이 무너져 내린지라 백성이 각기 앞으로 나아가 그 성에 들어가서 그 성을 점령하고 그 성 안에 있는 모든 것을 온전히 바치되 남녀 노소와 소와 양과 나귀를 칼날로 멸하니라 여호수아가 그 땅을 정탐한 두 사람에게 이르되 그 기생의 집에 들어가서 너희가 그 여인에게 맹세한 대로 그와 그에게 속한 모든 것을 이끌어 내라 하매 정탐한 젊은이들이 들어가서 라합과 그의 부모와 그의 형제와 그에게 속한 모든 것을 이끌어 내고 또 그의 친족도 다 이끌어 내어 그들을 이스라엘의 진영 밖에 두고 무리가 그 성과 그 가운데에 있는 모든 것을 불로 사르고 은금과 동철 기구는 여호와의 집 곳간에 두었더라"(수 6:20~24)

날마다 영적 전쟁을 치루는 그리스도인들의 바른 위치는 하나님 말씀에 순종하는 위치입니다.

그러므로 성삼위 하나님의 은혜로 하나님 말씀에 순종하며 하나님을 영화롭게 하는 우리 모두가 되기를 기도합니다.

여호수아 7장 1절

"이스라엘 자손들이 온전히 바친 물건으로 말미암아 범죄하였으니 이는 유다 지파 세라의 증손 삽디의 손자 갈미의 아들 아간이 온전히 바친 물건을 가졌음이라 여호와께서 이스라엘 자손들에게 진노하시니라"(개역개정판)

"그리고 이스라엘 아들들이 헤렘(바쳐져 멸할 것)에 비신실하여 죄를 지었다. 그리고 유다 지파의 세라의 아들, 삽디의 아들, 갈미의 아들인 아간이 취하였다. 그러자 여호와의 진노가 이스라엘 아들들에 대하여 타올랐다"(원문직역)

여호수아 7장은 아간의 범죄와 아이성 전투의 패배를 가르치고 있습니다.

예수 그리스도의 몸 된 교회의 지체가 된 그리스도인들은?

첫째, 하나님의 소유에 손대지 않는 사람들입니다.

"이스라엘 자손들이 온전히 바친 물건으로 말미암아 범죄하였으니 이는 유다 지파 세라의 증손 삽디의 손자 갈미의 아들 아간이 온전히 바친 물건을 가졌음이라 여호와께서 이스라엘 자손들에게 진노하시니라"(수 7:1)

둘째, 겸손의 위치에서 사는 사람들입니다.(수 7:2~5)

"여호수아에게로 돌아와 그에게 이르되 백성을 다 올라가게 하지 말고 이삼천 명만 올라가서 아이를 치게 하소서 그들은 소수이니 모든 백성을 그리로 보내어 수고롭게 하지 마소서 하므로"(수 7:3)

셋째, 회개하는 사람들입니다.(수 7:6~8)

"여호수아가 옷을 찢고 이스라엘 장로들과 함께 여호와의 궤 앞에서 땅에 엎드려 머리에 티끌을 뒤집어 쓰고 저물도록 있다가"(수 7:6)

넷째, 하나님의 이름을 높이기 위해 사는 사람들입니다.

"가나안 사람과 이 땅의 모든 사람들이 듣고 우리를 둘러싸고 우리 이름을 세상에서 끊으리니 주의 크신 이름을 위하여 어떻게 하시려 하나이까 하니"(수 7:9)

다섯째, 언약 백성의 위치에서 사는 사람들입니다.

"이스라엘이 범죄하여 내가 그들에게 명령한 나의 언약을 어겼으며 또한 그들이 온전히 바친 물건을 가져가고 도둑질하며 속이고 그것을 그들의 물건들 가운데에 두었느니라"(수 7:11)

언약 백성의 위치는 하나님 말씀에 순종하는 위치입니다.

여섯째, 거룩한 위치에서 사는 사람들입니다.

"너는 일어나서 백성을 거룩하게 하여 이르기를 너희는 내일을 위하여 스스로 거룩하게 하라 이스라엘의 하나님 여호와의 말씀에 이스라엘아 너희 가운데에 온전히 바친 물건이 있나니 너희가 그 온전히 바친 물건을 너희 가운데에서 제하기까지는 네 원수들 앞에 능히 맞서지 못하리라"(수 7:13)

일곱째, 죄악을 단호하게 끊어버리는 사람들입니다.(수 7:24~26)

"여호수아가 이르되 네가 어찌하여 우리를 괴롭게 하였느냐 여호와께서 오늘 너를 괴롭게 하시리라 하니 온 이스라엘이 그를 돌로 치고 물건들도 돌로 치고 불사르고 그 위에 돌 무더기를 크게 쌓았더니 오늘까지 있더라 여호와께서 그의 맹렬한 진노를 그치시니 그러므로 그 곳 이름을 오늘까지 아골 골짜기라 부르더라"(수 7:25~26)

그리스도인들은 교회의 쓴 뿌리가 되어 교회와 더불어 함께 지어져 가는 지체들에게 해악을 끼치지 않는 사람들이 되어야 합니다.

> "너희는 하나님의 은혜에 이르지 못하는 자가 없도록 하고 또 쓴 뿌리가 나서 괴롭게 하여 많은 사람이 이로 말미암아 더럽게 되지 않게 하며"(히 12:15)

그러므로 성삼위 하나님의 은혜로 거룩한 위치에서 살아가며 하나님을 영화롭게 하는 우리 모두가 되기를 기도합니다.

여호수아 8장 1절

"여호와께서 여호수아에게 이르시되 두려워하지 말라 놀라지 말라 군사를 다 거느리고 일어나 아이로 올라가라 보라 내가 아이 왕과 그의 백성과 그의 성읍과 그의 땅을 다 네 손에 넘겨 주었으니"(개역개정판)

"그리고 여호와께서 여호수아에게 말씀하셨다. 너는 두려워 말라. 그리고 너는 놀라지 말라. 너는 너와 함께 모든 백성을 그 군사로 취하라. 그리고 너는 일어나 그 아이로 올라가라. 너는 보라 내가 네 손에 그 아이 왕과 그의 백성과 그의 성과 그의 땅을 주었다"(원문직역)

여호수아 8장은 이스라엘 백성들이 아이 성을 정복하는 말씀입니다.

아이 성을 정복케 하시는 하나님께서는?

첫째, 언약을 신실하게 이행하시는 분입니다.

"여호와께서 여호수아에게 이르시되 두려워하지 말라 놀라지 말라 군사를 다 거느리고 일어나 아이로 올라가라 보라 내가 아이 왕과 그의 백성과 그의 성읍과 그의 땅을 다 네 손에 넘겨 주었으니"(수 8:1)

둘째, 가르치시는 분입니다.

"너는 여리고와 그 왕에게 행한 것 같이 아이와 그 왕에게 행하되 오직 거기서 탈취할 물건과 가축은 스스로 가지라 너는 아이 성 뒤에 복병을 둘지니라 하시니"(수 8:2)

셋째, 지혜와 용기와 승리를 주시는 분입니다.(수 8:3~29)

"이에 여호수아가 일어나서 군사와 함께 아이로 올라가려 하여 용사 삼만 명을 뽑아 밤에 보내며 그들에게 명령하여 이르되 너희는 성읍 뒤로 가서 성읍을 향하여 매복하되 그 성읍에서 너무 멀리 하지 말고 다 스스로 준비하라 나와 나를 따르는 모든 백성은 다 성읍으로 가까이 가리니 그들이 처음과 같이 우리에게로 쳐 올라올 것이라 그리할 때에 우리가 그들 앞에서 도망하면 그들이 나와서 우리를 추격하며 이르기를 그들이 처음과 같이 우리 앞에서 도망한다 하고 우리의 유인을 받아 그 성읍에서 멀리 떠날 것이라 우리가 그들 앞에서 도망하거든 너희는 매복한 곳에서 일어나 그 성읍을 점령하라 너희 하나님 여호와께서 그 성읍을 너희 손에 주시리라 너희가 그 성읍을 취하거든 그것을 불살라 여호와의 말씀대로 행하라 보라 내가 너희에게 명령하였느니라 하고 그들을 보내매 그들이 매복할 곳으로 가서 아이 서쪽 벧엘과 아이 사이에 매복하였고 여호수아는 그 밤에 백성 가운데에서 잤더라"(수 8:3~9)

넷째, 말씀을 주시는 분입니다.(수 8:30~35)

"그 후에 여호수아가 율법책에 기록된 모든 것 대로 축복과 저주하는 율법의 모든 말씀을 낭독하였으니 모세가 명령한 것은 여호수아가 이스라엘 온 회중과 여자들과 아이와 그들 중에 동행하는 거류민들 앞에서 낭독하지 아니한 말이 하나도 없었더라"(수 8:34~35)

예수 그리스도의 대속 사역 은총으로 큰 영적 전쟁에서 이미 승리한 그리스도인들이 날마다 치루는 작은 영적 전쟁에서 승리하는 비결은 성령님과 말씀 따라 사는 것입니다.

그러므로 성삼위 하나님의 은혜로 성령님과 말씀 따라 살아가며 하나님을 영화롭게 하는 우리 모두가 되기를 기도합니다.

여호수아 9장 3절

"기브온 주민들이 여호수아가 여리고와 아이에 행한 일을 듣고"(개역개정판)

"그러나 기브온 거주민들이 여호수아가 여리고와 아이에서 행했던 일들을 들었다"(원문직역)

여호수아 9장은 이스라엘 백성들이 히위 족속인 기브온 거주민들에게 속임 당해 하나님 이름으로 화친 조약을 맺는 말씀이 나옵니다.

하나님 나라를 유업으로 받은 그리스도인들은?

첫째, 기도하는 사람들입니다.(수 9:3~15)

"그러므로 우리 장로들과 우리 나라의 모든 주민이 우리에게 말하여 이르되 너희는 여행할 양식을 손에 가지고 가서 그들을 만나서 그들에게 이르기를 우리는 당신들의 종들이니 이제 우리와 조약을 맺읍시다 하라 하였나이다 우리의 이 떡은 우리가 당신들에게로 오려고 떠나던 날에 우리들의 집에서 아직도 뜨거운 것을 양식으로 가지고 왔으나 보소서 이제 말랐고 곰팡이가 났으며 또 그가 요단 동쪽에 있는 아모리 사람의 두 왕들 곧 헤스본 왕 시혼과 아스다롯에 있는 바산 왕 옥에게 행하신 모든 일을 들었음이니이다 그러므로 우리 장로들과 우리 나라의 모든 주민이 우리에게 말하여 이르되 너희는 여행할 양식을 손에 가지고 가서 그들을 만나서 그들에게 이르기를 우리는 당신들의 종들이니 이제 우리와 조약을 맺읍시다 하라 하였나이다 우리의 이 떡은 우리가 당신들에게로 오려고 떠나던 날에 우리들의 집에서 아직도 뜨거운 것을 양식으로 가지고 왔으나 보소서 이제 말랐고 곰팡이가 났으며 또 우리가 포도주를 담은 이 가죽 부대도 새 것이었으나 찢어지게 되었으며 우리의 이 옷과 신도 여행이 매우 길었으므로 낡아졌나이다 한지라 무리가 그들의 양식을 취하고는 어떻게 할지를 여호와께 묻지 아니하고 여호수아가 곧 그들과 화친하여 그들을 살리리라는 조약을 맺고 회중 족장들이 그들에게 맹세하였더라"(수 9:11~15)

여호수아는 사실 확인의 터 위에서 사실 판단을 하고 사실 판단의 터 위에서 가치 판단을 하고 가치 판단의 터 위에서 기도하며 하나님의 응답을 받는 의사 결정을 하지 않았습니다.

둘째, 하나님의 이름을 망령되게 하지 않는 사람들입니다.

> "그들과 조약을 맺은 후 사흘이 지나서야 그들이 이웃에서 자기들 중에 거주하는 자들이라 함을 들으니라 이스라엘 자손이 행군하여 셋째 날에 그들의 여러 성읍들에 이르렀으니 그들의 성읍들은 기브온과 그비라와 브에롯과 기럇여아림이라 그러나 회중 족장들이 이스라엘의 하나님 여호와로 그들에게 맹세했기 때문에 이스라엘 자손이 그들을 치지 못한지라 그러므로 회중이 다 족장들을 원망하니 모든 족장이 온 회중에게 이르되 우리가 이스라엘의 하나님 여호와로 그들에게 맹세하였은즉 이제 그들을 건드리지 못하리라"(수 9:16-19)
>
> "너는 네 하나님 여호와의 이름을 망령되게 부르지 말라 여호와는 그의 이름을 망령되게 부르는 자를 죄 없다 하지 아니하리라"(출 20:7)

셋째, 진리 안에서 필연적 추론으로 현실적 대안을 내어 놓는 사람들입니다.(수 9:20~27)

> "우리가 그들에게 맹세한 맹약으로 말미암아 진노가 우리에게 임할까 하노니 이렇게 행하여 그들을 살리리라 하고 무리에게 이르되 그들을 살리라 하니 족장들이 그들에게 이른 대로 그들이 온 회중을 위하여 나무를 패며 물을 긷는 자가 되었더라"(수 8:20~21)

그리스도인은 신중한 터 위에서 기도하는 사람들입니다.

그러므로 성삼위 하나님의 은혜로 바른 기도를 드리며 하나님을 영화롭게 하는 우리 모두가 되기를 기도합니다.

여호수아 10장 8절

"그 때에 여호와께서 여호수아에게 이르시되 그들을 두려워하지 말라 내가 그들을 네 손에 넘겨 주었으니 그들 중에서 한 사람도 너를 당할 자 없으리라 하신지라"(개역개정판)

"그리고 여호와께서 여호수아에게 말씀하셨다. 너는 그들을 두려워하지 마라. 왜냐하면 내가 네 손에 그들을 주었기 때문이다. 그들 중에 한 사람도 네 앞에 서지 못할 것이다"(원문직역)

여호수아 10장은 이스라엘 백성들이 기브온을 공격하는 아모리 연합군을 격파하며 가나안 중부와 남부 지역을 정복하는 말씀입니다.

여호수아 10장은 그리스도인들의 영적 전쟁에 대한 모형적 의미의 말씀입니다.

그리스도인들은 육체의 정욕과 세상의 악한 풍습과 사단과 영적 전쟁을 치루는 사람들입니다.

예수 그리스도의 지체인 그리스도인들은 예수 그리스도의 십자가 대속사역 은총으로 영적 전쟁에서 단번에 승리한 사람들입니다.

"이스라엘의 하나님 여호와께서 이스라엘을 위하여 싸우셨으므로 여호수아가 이 모든 왕들과 그들의 땅을 단번에 빼앗으니라"(수 10:42)

예수 그리스도의 품 안에서 단 한번의 큰 전투에서 승리한 그리스도인들은 천상 교회에 갈때까지 날마다 작은 전투를 치룹니다.

그리스도인들이 날마다 치루는 영적 전쟁은?

첫째, 하나님과 동행하며 승리하는 싸움입니다.

"그 때에 여호와께서 여호수아에게 이르시되 그들을 두려워하지 말라 내가 그들을 네 손에 넘겨 주었으니 그들 중에서 한 사람도 너를 당할 자 없으리라 하신지라 여호수아가 길갈에서 밤새도록 올라가 갑자기 그들에게 이르니 여호와께서 그들을 이스라엘 앞에서 패하게 하시므로 여호수아가 그들을 기브온에서 크게 살륙하고 벧호론에 올라가는 비탈에서 추격하여 아세가와 막게다까지 이르니라"(수 10:8~10)

둘째, 하나님의 싸움으로 승리하는 싸움입니다.

"그들이 이스라엘 앞에서 도망하여 벧호론의 비탈에서 내려갈 때에 여호와께서 하늘에서 큰 우박 덩이를 아세가에 이르기까지 내리시매 그들이 죽었으니 이스라엘 자손의 칼에 죽은 자보다 우박에 죽은 자가 더 많았더라"(수 10:11)

교회 머리이시고 우리들의 대장이신 예수 그리스도께서는 우리들을 위해 직접 싸우시는 분입니다.

셋째, 기도로 승리하는 싸움입니다.

"여호와께서 아모리 사람을 이스라엘 자손에게 넘겨 주시던 날에 여호수아가 여호와께 아뢰어 이스라엘의 목전에서 이르되 태양아 너는 기브온 위에 머무르라 달아 너도 아얄론 골짜기에서 그리할지어다 하매 태양이 머물고 달이 멈추기를 백성이 그 대적에게 원수를 갚기까지 하였느니라 야살의 책에 태양이 중천에 머물러서 거의 종일토록 속히 내려가지 아니하였다고 기록되지 아니하였느냐 여호와께서 사람의 목소리를 들으신 이같은 날은 전에도 없었고 후에도 없었나니 이는 여호와께서 이스라엘을 위하여 싸우셨음이니라"(수 10:12~14)

넷째, 말씀에 순종함으로 승리하는 싸움입니다.(수 10:28~40)

"그 날에 여호수아가 막게다를 취하고 칼날로 그 성읍과 왕을 쳐서 그 성읍과 그 중에 있는 모든 사람을 진멸하여 바치고 한 사람도 남기지 아니하였으니 막게다 왕에게 행한 것이 여리고 왕에게 행한 것과 같았더라"(수 10:28)
"이와 같이 여호수아가 그 온 땅 곧 산지와 네겝과 평지와 경사지와 그 모든 왕을 쳐서 하나도 남기지 아니하고 호흡이 있는 모든 자는 다 진멸하여 바쳤으니 이스라엘의 하나님 여호와께서 명령하신 것과 같았더라"(수 10:40)

날마다 영적 전쟁을 치루는 그리스도인들은 연약하고 나약해서 실수하고 넘어져도 성부 하나님의 부성적 사랑과 하늘 성소에서 우리들을 품에 안으시고 중보하시는 성자 하나님의 은혜와 보혜사로 내주하시는 성령 하나님의 은혜로 다시 일어나 승리하는 사람들입니다.

그러므로 성삼위 하나님의 은혜로 영적 전쟁에서 승리하며 하나님을 영화롭게 하는 우리 모두가 되기를 기도합니다.

여호수아 11장 23절

"이와 같이 여호수아가 여호와께서 모세에게 말씀하신 대로 그 온 땅을 점령하여 이스라엘 지파의 구분에 따라 기업으로 주매 그 땅에 전쟁이 그쳤더라"(개역개정판)

"그리고 여호수아가 여호와께서 모세에게 말씀하신 대로 모든 그 땅을 취하였다. 그리고 여호수아가 그것을 이스라엘에게 그들의 몫에 따라 그들의 지파대로 기업으로 주었다. 그리고 그 땅은 전쟁으로부터 잠잠케 되었다"(원문직역)

여호수아 11장은 이스라엘 백성들이 가나안 북부지역을 점령하고 약 7년간의 전쟁에서 승리를 거두고 가나안 땅이 잠잠케 되는 말씀입니다.

그리스도인들이 치루는 영적 전쟁은?

첫째, 하나님과 동행하며 하나님 은혜로 승리하는 전쟁입니다.

"여호와께서 여호수아에게 이르시되 그들로 말미암아 두려워하지 말라 내일 이맘 때에 내가 그들을 이스라엘 앞에 넘겨 주어 몰살시키리니 너는 그들의 말 뒷발의 힘줄을 끊고 그들의 병거를 불사르라 하시니라"(수 11:6)

둘째, 하나님 말씀에 순종하는 전쟁입니다.

"이에 여호수아가 모든 군사와 함께 메롬 물 가로 가서 갑자기 습격할 때에 여호와께서 그들을 이스라엘의 손에 넘겨 주셨기 때문에 그들을 격파하고 큰 시돈과 미스르봇 마임까지 추격하고 동쪽으로는 미스바 골짜기까지 추격하여 한 사람도 남기지 아니하고 쳐죽이고 여호수아가 여호와께서 자기에게 명령하신 대로 행하여 그들의 말 뒷발의 힘줄을 끊고 그들의 병거를 불로 살랐더라"(수 11:7~9)

"여호와께서 그의 종 모세에게 명령하신 것을 모세는 여호수아에게 명령하였고 여호수아는 그대로 행하여 여호와께서 모세에게 명하신 모든 것을 하나도 행하지 아니한 것이 없었더라"(수 11:15)

"이와 같이 여호수아가 여호와께서 모세에게 말씀하신 대로 그 온 땅을 점령하여 이스라엘 지파의 구분에 따라 기업으로 주매 그 땅에 전쟁이 그쳤더라"(수 11:23)

셋째, 하나님께서 주관하시는 전쟁입니다.

"그들의 마음이 완악하여 이스라엘을 대적하여 싸우러 온 것은 여호와께서 그리하게 하신 것이라 그들을 진멸하여 바치게 하여 은혜를 입지 못하게 하시고 여호와께서 모세에게 명령하신 대로 그들을 멸하려 하심이었더라"(수 11:20)

그리스도인은 육체의 소욕과 세상의 풍습과 사단과 날마다 영적 전쟁을 치루는 사람들입니다.

영적 전쟁에서 승리하기 위해서는 하나님과 동행하며 하나님께서 베풀어 주시는 은혜와 예수 그리스도의 품 안에서 성령님을 따라 살며 말씀에 순종하는 삶을 살아야 합니다.

그러므로 성삼위 하나님의 은혜로 영적 전쟁에서 승리하며 하나님을 영화롭게 하는 우리 모두가 되기를 기도합니다.

여호수아 12장 1절

"이스라엘 자손이 요단 저편 해 돋는 쪽 곧 아르논 골짜기에서 헤르몬 산까지의 동쪽 온 아라바를 차지하고 그 땅에서 쳐죽인 왕들은 이러하니라"(개역개정판)

"그리고 이들은 이스라엘 아들들이 쳤던 그 땅의 왕들이다. 그리고 그들은 그들의 땅을 점령하였다. 해가 뜨는 동편에서부터 요단의 건너편과 아르논 강에서부터 헤르몬 산까지 그리고 해 뜨는 모든 그 아라바이다"(원문직역)

여호수아 12장은 이스라엘 백성들이 요단강 동쪽과 서쪽에서 정복한 왕들에 대한 말씀입니다.

요단강 동편의 왕들을 정복했습니다.(수 12:1~6)

"시혼은 헤스본에 거주하던 아모리 족속의 왕이라 그가 다스리던 땅은 아르논 골짜기 가에 있는 아로엘에서부터 골짜기 가운데 성읍과 길르앗 절반 곧 암몬 자손의 경계 얍복 강까지이며 또 동방 아라바 긴네롯 바다까지이며 또 동방 아라바의 바다 곧 염해의 벧여시못으로 통한 길까지와 남쪽으로 비스가 산기슭까지이며 옥은 르바의 남은 족속으로서 아스다롯과 에드레이에 거주하던 바산의 왕이라"(수 12:2~4)

요단강 서편의 왕들을 정복했습니다.(수 12:7~24)

"여호수아와 이스라엘 자손이 요단 이편 곧 서쪽 레바논 골짜기의 바알갓에서부터 세일로 올라가는 곳 할락 산까지 쳐서 멸한 그 땅의 왕들은 이러하니라 (그 땅을 여호수아가 이스라엘의 지파들에게 구분에 따라 소유로 주었으니 곧 산지와 평지와 아라바와 경사지와 광야와 네겝 곧 헷 족속과 아모리 족속과 가나안 족속과 브리스 족속과 히위 족속과 여부스 족속의 땅이라)"(수 12:7~8)

하나님께서는 모든 그리스도인들에게 하늘의 영원하신 "나할라"(기업)인 하나님 나라를 주셨습니다.

그리고 하나님 나라를 드러내게 하는 "아훗자"(재산과 자산)인 하늘의 신령한 복을 주셨습니다.

그리스도인들은 하나님께서 기업으로 주신 하나님 나라(통치)를 교회와 자신 삶의 모든 영역에서 드러내고 확장하며 삼위일체 하나님과 예수 그리스도를 날마다 알아가고 닮아가며 하나님의 형상인 참 지식과 의로움과 거룩함에 이르는 사람이 됩니다.

그러나 저항하는 세력이 있습니다.

요단강 서쪽과 동쪽에 있는 왕들과 같은 세력들입니다.

하나님 나라를 저항하는 세력들은?

첫째, 육체의 소욕(땅의 지체)입니다.

> "그러므로 땅에 있는 지체를 죽이라 곧 음란과 부정과 사욕과 악한 정욕과 탐심이니 탐심은 우상 숭배니라 이것들로 말미암아 하나님의 진노가 임하느니라"(골 3:5~6)

둘째, 죄의 부패성과 연약성입니다.

> "만일 내가 원하지 아니하는 그것을 하면 이를 행하는 자는 내가 아니요 내 속에 거하는 죄니라"(롬 7:20)

셋째, 세상의 악한 풍습입니다.

> "이 세상이나 세상에 있는 것들을 사랑하지 말라 누구든지 세상을 사랑하면 아버

지의 사랑이 그 안에 있지 아니하니 이는 세상에 있는 모든 것이 육신의 정욕과 안목의 정욕과 이생의 자랑이니 다 아버지께로부터 온 것이 아니요 세상으로부터 온 것이라 이 세상도, 그 정욕도 지나가되 오직 하나님의 뜻을 행하는 자는 영원히 거하느니라"(요일 2:15~17)

넷째, 자아입니다.

"그 때에 이스라엘에 왕이 없으므로 사람이 각기 자기의 소견에 옳은 대로 행하였더라"(삿 21:25)

다섯째, 거짓 교리입니다.

"다만 산당들을 제거하지 아니하였으므로 백성이 여전히 산당에서 제사하며 분향하였더라"(왕하 12:3)

여섯째, 사단입니다.

"우리의 씨름은 혈과 육을 상대하는 것이 아니요 통치자들과 권세들과 이 어둠의 세상 주관자들과 하늘에 있는 악의 영들을 상대함이라"(엡 6:12)

하나님 나라를 저항하는 세력은 "자라"(창녀, 매춘부, 율법에 낯선 여인)와 같습니다.

그리스도인은 율법의 낯선 여인과 같은 "자라"와 일평생 영적 전쟁을 치루며 하나님 나라를 이루는 사람들입니다.

그러므로 성삼위 하나님의 은혜로 영적 전쟁에서 승리하며 하나님을 영화롭게 하는 우리 모두가 되기를 기도합니다.

여호수아 13장 7절

"너는 이 땅을 아홉 지파와 므낫세 반 지파에게 나누어 기업이 되게 하라 하셨더라"(개역개정판)

"그리고 너는 이 땅을 분배하라. 아홉지파와 그 므낫세의 그 반 지파에게"(원문직역)

여호수아 13장은 정복하지 못한 서남쪽 지역의 블레셋 땅과 두로와 시돈의 땅과 북쪽 지역의 땅을 정복하라는 말씀과 요단 동편 땅에 대한 분배의 말씀입니다.

하나님 나라를 기업으로 받은 그리스도인들은?

첫째, 계속되는 영적 전쟁에서 승리해야 합니다.

"여호수아가 나이가 많아 늙으매 여호와께서 그에게 이르시되 너는 나이가 많아 늙었고 얻을 땅이 매우 많이 남아 있도다 이 남은 땅은 이러하니 블레셋 사람의 모든 지역과 그술 족속의 모든 지역 곧 애굽 앞 시홀 시내에서부터 가나안 사람에게 속한 북쪽 에그론 경계까지와 블레셋 사람의 다섯 통치자들의 땅 곧 가사 족속과 아스돗 족속과 아스글론 족속과 가드 족속과 에그론 족속과 또 남쪽 아위 족속의 땅과 또 가나안 족속의 모든 땅과 시돈 사람에게 속한 므아라와 아모리 족속의 경계 아벡까지와 또 그발 족속의 땅과 해 뜨는 곳의 온 레바논 곧 헤르몬 산 아래 바알갓에서부터 하맛에 들어가는 곳까지와 또 레바논에서부터 미스르봇마임까지 산지의 모든 주민 곧 모든 시돈 사람의 땅이라 내가 그들을 이스라엘 자손 앞에서 쫓아내리니 너는 내가 명령한 대로 그 땅을 이스라엘에게 분배하여 기업이 되게 하되"(수 13:1~6)

둘째, 예수 그리스도의 몸 된 교회와 자신 삶의 모든 영역에서 하나님 나라를 드러내고 확장하며 살아야 합니다.(수 13:7~33)

"너는 이 땅을 아홉 지파와 므낫세 반 지파에게 나누어 기업이 되게 하라 하셨더라 므낫세 반 지파와 함께 르우벤 족속과 갓 족속은 요단 저편 동쪽에서 그들의 기업을 모세에게 받았는데 여호와의 종 모세가 그들에게 준 것은 이러하니"(수 13:7~8)

셋째, 특별히 성직자는 하나님으로 만족하며 하나님께서 주신 사역과 직분을 기뻐하며 충성하는 사람들입니다.

"오직 레위 지파에게는 여호수아가 기업으로 준 것이 없었으니 이는 그에게 말씀하신 것과 같이 이스라엘의 하나님 여호와께 드리는 화제물이 그들의 기업이 되었음이더라"(수 13:14)

"오직 레위 지파에게는 모세가 기업을 주지 아니하였으니 이는 그들에게 말씀하신 것과 같이 이스라엘의 하나님 여호와께서 그들의 기업이 되심이었더라"(수 13:33)

그리스도인들은 천상 교회에 갈때까지 영적 전투를 치루는 사람들입니다.

그러므로 성삼위 하나님의 은혜로 영적 전쟁에서 승리하며 하나님을 영화롭게 하는 우리 모두가 되기를 기도합니다.

여호수아 14장 1절

"이것은 이스라엘 자손이 가나안 땅에서 받은 기업 곧 제사장 엘르아살과 눈의 아들 여호수아와 이스라엘 자손 지파의 족장들이 분배한 것이니라"(개역개정판)

"그리고 이것들이 이스라엘 아들들이 가나안 땅에서 기업으로 받은 것들이다. 엘르아살 제사장과 눈의 아들 여호수아와 이스라엘 아들들의 지파의 아버지들의 머리들이 그들에게 기업으로 준 것이다"(원문직역)

여호수아 14장은 요단강 건너편인 서쪽 가나안 땅을 이스라엘 백성들에게 기업으로 나누어 주는 말씀입니다.

그리스도인들에게 하나님 나라를 기업으로 주시는 하나님은?

첫째, 교회의 질서를 소중히 여기는 분입니다.

"이것은 이스라엘 자손이 가나안 땅에서 받은 기업 곧 제사장 엘르아살과 눈의 아들 여호수아와 이스라엘 자손 지파의 족장들이 분배한 것이니라"(수 14:1)

둘째, 주권적 은혜로 주시는 분입니다.

"여호와께서 모세에게 명령하신 대로 그들의 기업을 제비 뽑아 아홉 지파와 반 지파에게 주었으니 이는 두 지파와 반 지파의 기업은 모세가 요단 저쪽에서 주었음이요 레위 자손에게는 그들 가운데에서 기업을 주지 아니하였으니 이는 요셉의 자손이 므낫세와 에브라임의 두 지파가 되었음이라 이 땅에서 레위 사람에게 아무 분깃도 주지 아니하고 다만 거주할 성읍들과 가축과 재산을 위한 목초지만 주었으니 이스라엘 자손이 여호와께서 모세에게 명령하신 것과 같이 행하여 그 땅을 나누었더라"(수 14:2~5)

셋째, 언약을 신실하게 이행하시는 분입니다.(수 15:6~10)

"그 날에 모세가 맹세하여 이르되 네가 내 하나님 여호와께 충성하였은즉 네 발로 밟는 땅은 영원히 너와 네 자손의 기업이 되리라 하였나이다 이제 보소서 여호와께서 이 말씀을 모세에게 이르신 때로부터 이스라엘이 광야에서 방황한 이 사십오 년 동안을 여호와께서 말씀하신 대로 나를 생존하게 하셨나이다 오늘 내가 팔십오 세로되"(수 14:9~10)

넷째, 개척을 기특하게 여기시는 분입니다.

"모세가 나를 보내던 날과 같이 오늘도 내가 여전히 강건하니 내 힘이 그 때나 지금이나 같아서 싸움에나 출입에 감당할 수 있으니 그 날에 여호와께서 말씀하신 이 산지를 지금 내게 주소서 당신도 그 날에 들으셨거니와 그 곳에는 아낙 사람이 있고 그 성읍들은 크고 견고할지라도 여호와께서 나와 함께 하시면 내가 여호와께서 말씀하신 대로 그들을 쫓아내리이다 하니 여호수아가 여분네의 아들 갈렙을 위하여 축복하고 헤브론을 그에게 주어 기업을 삼게 하매"(수 14:11~13)

하나님 나라를 유업으로 받은 그리스도인들은?

첫째, 하나님 앞에서 자신의 뜻을 처 복종시키고 하나님 말씀에 온전히 순종해야 합니다.

"헤브론이 그니스 사람 여분네의 아들 갈렙의 기업이 되어 오늘까지 이르렀으니 이는 그가 이스라엘의 하나님 여호와를 온전히 좇았음이라"(수 14:14)

둘째, 영적 전쟁에서 승리해야 합니다.

"헤브론의 옛 이름은 기럇 아르바라 아르바는 아낙 사람 가운데에서 가장 큰 사람이었더라 그리고 그 땅에 전쟁이 그쳤더라"(수 14:15)

영적 전쟁의 승리의 비결은 하나님 말씀에 순종하는 것입니다.

영적 전쟁에서 승리하지 못하면 하나님께서 기업으로 주신 하나님 나라를 누리지 못합니다.

> "내가 모세에게 말한 바와 같이 너희 발바닥으로 밟는 곳은 모두 내가 너희에게 주었노니"(수 1:3)

그러므로 성삼위 하나님의 은혜로 영적 전쟁에서 승리하며 하나님을 영화롭게 하는 우리 모두가 되기를 기도합니다.

여호수아 15장 1절

"또 유다 자손의 지파가 그들의 가족대로 제비 뽑은 땅의 남쪽으로는 에돔 경계에 이르고 또 남쪽 끝은 신 광야까지라"(개역개정판)

"그리고 유다 아들들의 지파를 위하여 그들의 가족을 따라 그 제비(할당)된 땅은 에돔 지경까지 이며 남쪽으로는 친 광야로부터 남쪽의 끝이다"(원문직역)

여호수아 15장은 하나님께서 유다 지파에게 주신 기업에 대한 말씀입니다.

하나님 나라를 그리스도인들에게 주시는 하나님은 언약을 신실하게 이행하시는 분입니다.(수 15:1~12, 20~62)

"또 유다 자손의 지파가 그들의 가족대로 제비 뽑은 땅의 남쪽으로는 에돔 경계에 이르고 또 남쪽 끝은 신 광야까지라"(수 15:1)

"유다야 너는 네 형제의 찬송이 될지라 네 손이 네 원수의 목을 잡을 것이요 네 아버지의 아들들이 네 앞에 절하리로다 유다는 사자 새끼로다 내 아들아 너는 움킨 것을 찢고 올라갔도다 그가 엎드리고 웅크림이 수사자 같고 암사자 같으니 누가 그를 범할 수 있으랴 규가 유다를 떠나지 아니하며 통치자의 지팡이가 그 발 사이에서 떠나지 아니하기를 실로가 오시기까지 이르리니 그에게 모든 백성이 복종하리로다 그의 나귀를 포도나무에 매며 그의 암나귀 새끼를 아름다운 포도나무에 맬 것이며 또 그 옷을 포도주에 빨며 그의 복장을 포도즙에 빨리로다 그의 눈은 포도주로 인하여 붉겠고 그의 이는 우유로 말미암아 희리로다"(창 49:8~12)

유일한 중보자 예수 그리스도의 품 안에서 하나님께서 은혜로 베풀어 주시는 하늘의 신령한 기업인 하나님 나라를 유업으로 받는 그리스도인들은?

첫째, 영적 전쟁에서 승리해야 합니다.

"여호와께서 여호수아에게 명령하신 대로 여호수아가 기랏 아르바 곧 헤브론을 유다 자손 중에서 분깃으로 여분네의 아들 갈렙에게 주었으니 아르바는 아낙의 아버지였더라 갈렙이 거기서 아낙의 소생 그 세 아들 곧 세새와 아히만과 달매를 쫓아내었고 거기서 올라가서 드빌 주민을 쳤는데 드빌의 본 이름은 기럇 세벨이라 갈렙이 말하기를 기럇 세벨을 쳐서 그것을 점령하는 자에게는 내가 내 딸 악사를 아내로 주리라 하였더니 갈렙의 아우 그나스의 아들인 옷니엘이 그것을 점령함으로 갈렙이 자기 딸 악사를 그에게 아내로 주었더라 악사가 출가할 때에 그에게 청하여 자기 아버지에게 밭을 구하자 하고 나귀에서 내리매 갈렙이 그에게 묻되 네가 무엇을 원하느냐 하니 이르되 내게 복을 주소서 아버지께서 나를 네겝 땅으로 보내시오니 샘물도 내게 주소서 하매 갈렙이 윗샘과 아랫샘을 그에게 주었더라"(수 15:13~19)

"그 날에 모세가 맹세하여 이르되 네가 내 하나님 여호와께 충성하였은즉 네 발로 밟는 땅은 영원히 너와 네 자손의 기업이 되리라 하였나이다"(수 14:9)

둘째, 성실하게 영적 전쟁을 치루어야 합니다.

"예루살렘 주민 여부스 족속을 유다 자손이 쫓아내지 못하였으므로 여부스 족속이 오늘까지 유다 자손과 함께 예루살렘에 거주하니라"(수 15:63)

그리스도인은 "자라"(율법의 낯선 여인, 창녀, 매춘부)와 같은 육체의 소욕과 죄의 부패성과 오염과 세상의 악한 풍습과 오만한 자아와 거짓 교리와 사단과 천상 교회에 갈때까지 영적 전투를 치루는 사람들입니다.

많은 사람들이 "자라"에 다스림 받고 포로가 되고 노예가 되어 비참한 삶을 경험하며 살아갑니다.

하나님께서 악한 세상을 심판하시는 하나님의 진노를 경험하며 살아갑니다.

> “너희가 만일 그 땅의 원주민을 너희 앞에서 몰아내지 아니하면 너희가 남겨둔 자들이 너희의 눈에 가시와 너희의 옆구리에 찌르는 것이 되어 너희가 거주하는 땅에서 너희를 괴롭게 할 것이요 나는 그들에게 행하기로 생각한 것을 너희에게 행하리라”(민 33:35~36)

“자라”를 쫓아내고 정복해야 합니다.

그리스도인은 “자라”와 날마다 치루는 영적 전쟁에서 승리하고 하나님 나라를 이루며 하나님 영광을 드러내기 위해 주시는 복을 누리며 살아가는 사람들입니다.

그러므로 성삼위 하나님의 은혜로 영적 전쟁에서 승리하며 하나님을 영화롭게 하는 우리 모두가 되기를 기도합니다.

여호수아 16장 1절

"요셉 자손이 제비 뽑은 것은 여리고 샘 동쪽 곧 여리고 곁 요단으로부터 광야로 들어가 여리고로부터 벧엘 산지로 올라가고"(개역개정판)

"그리고 요셉 자손을 위한 그 제비는 여리고의 요단으로부터 동쪽으로 여리고의 물들까지 여리고 에서부터 벧엘 그 산지로 올라가는 그 광야에 이르며"(원문직역)

여호수아 16장은 요셉의 자손들에게 분배된 기업과 차남인 에브라임 지파에게 분배되는 기업의 말씀입니다.

하나님 나라를 기업으로 주시는 하나님은?

첫째, 언약을 신실하게 이행하시는 분입니다.

"요셉 자손이 제비 뽑은 것은 여리고 샘 동쪽 곧 여리고 곁 요단으로부터 광야로 들어가 여리고로부터 벧엘 산지로 올라가고 벧엘에서부터 루스로 나아가 아렉 족속의 경계를 지나 아다롯에 이르고 서쪽으로 내려가서 야블렛 족속의 경계와 아래 벧호론과 게셀에까지 이르고 그 끝은 바다라 요셉의 자손 므낫세와 에브라임이 그들의 기업을 받았더라"(수 16:1~4)

"요셉은 무성한 가지 곧 샘 곁의 무성한 가지라 그 가지가 담을 넘었도다 활쏘는 자가 그를 학대하며 적개심을 가지고 그를 쏘았으나 요셉의 활은 도리어 굳세며 그의 팔은 힘이 있으니 이는 야곱의 전능자 이스라엘의 반석인 목자의 손을 힘입음이라 네 아버지의 하나님께로 말미암나니 그가 너를 도우실 것이요 전능자로 말미암나니 그가 네게 복을 주실 것이라 위로 하늘의 복과 아래로 깊은 샘의 복과 젖먹이는 복과 태의 복이리로다 네 아버지의 축복이 내 선조의 축복보다 나아서 영원한 산이 한없음같이 이 축복이 요셉의 머리로 돌아오며 그 형제 중 뛰어난 자의 정수리로 돌아오리로다"(창 49:22~26)

둘째, 주권적 의지로 은혜주시는 분입니다.

"에브라임 자손이 그들의 가족대로 받은 지역은 이러하니라 그들의 기업의 경계는 동쪽으로 아다롯 앗달에서 윗 벧호론에 이르고 또 서쪽으로 나아가 북쪽 믹므다에 이르고 동쪽으로 돌아 다아낫 실로에 이르러 야노아 동쪽을 지나고 야노아에서부터 아다롯과 나아라로 내려가 여리고를 만나서 요단으로 나아가고 또 답부아에서부터 서쪽으로 지나서 가나 시내에 이르나니 그 끝은 바다라 에브라임 자손의 지파가 그들의 가족대로 받은 기업이 이러하였고 그 외에 므낫세 자손의 기업 중에서 에브라임 자손을 위하여 구분한 모든 성읍과 그 마을들도 있었더라"(수 16:5~9)

"그의 아버지가 허락하지 아니하며 이르되 나도 안다 내 아들아 나도 안다 그도 한 족속이 되며 그도 크게 되려니와 그의 아우가 그보다 큰 자가 되고 그의 자손이 여러 민족을 이루리라 하고 그 날에 그들에게 축복하여 이르되 이스라엘이 너로 말미암아 축복하기를 하나님이 네게 에브라임 같고 므낫세 같게 하시리라 하며 에브라임을 므낫세보다 앞세웠더라"(창 48:19~20)

하나님 나라를 유업으로 받은 그리스도인의 위치는 순종입니다.

"그들이 게셀에 거주하는 가나안 족속을 쫓아내지 아니하였으므로 가나안 족속이 오늘까지 에브라임 가운데에 거주하며 노역하는 종이 되니라"(수 16:10)

그러므로 성삼위 하나님의 은혜로 순종의 위치에서 살아가며 하나님을 영화롭게 하는 우리 모두가 되기를 기도합니다.

여호수아 17장 1절

"므낫세 지파를 위하여 제비 뽑은 것은 이러하니라 므낫세는 요셉의 장자였고 므낫세의 장자 마길은 길르앗의 아버지라 그는 용사였기 때문에 길르앗과 바산을 받았으므로"(개역개정판)

"그리고 므낫세 지파를 위한 그 제비이다. 그는 요셉의 장자였고 마길은 므낫세의 장자였고 길르앗의 아버지였다. 참으로 그는 전쟁의 사람이였고 그리고 그에게는 길르앗과 바산이 주어졌다"(원문직역)

여호수아 17장은 하나님께서 므낫세 지파에게 기업을 주시는 말씀입니다.

하나님 나라를 유업으로 주시는 하나님은?

첫째, 주권적으로 주십니다.

"므낫세 지파를 위하여 제비 뽑은 것은 이러하니라 므낫세는 요셉의 장자였고 므낫세의 장자 마길은 길르앗의 아버지라 그는 용사였기 때문에 길르앗과 바산을 받았으므로 므낫세의 남은 자손을 위하여 그들의 가족대로 제비를 뽑았는데 그들은 곧 아비에셀의 자손과 헬렉의 자손과 아스리엘의 자손과 세겜의 자손과 헤벨의 자손과 스미다의 자손이니 그들의 가족대로 요셉의 아들 므낫세의 남자 자손들이며"(수 17:1~2)

둘째, 보편적으로 주십니다.

"헤벨의 아들 길르앗의 손자 마길의 증손 므낫세의 현손 슬로브핫은 아들이 없고 딸뿐이요 그 딸들의 이름은 말라와 노아와 호글라와 밀가와 디르사라 그들이 제사장 엘르아살과 눈의 아들 여호수아와 지도자들 앞에 나아와서 말하기를 여호와께서 모세에게 명령하사 우리 형제 중에서 우리에게 기업을 주라 하셨다 하매 여호와의 명령을 따라 그들에게 그들의 아버지 형제들 중에서 기업을 주므로 요단 동쪽 길르앗과 바산 외에 므낫세에게 열 분깃이 돌아갔으니 므낫세의 여자 자손들이 그의 남자 자손들 중에서기업을 받은 까닭이었으며 길르앗 땅은 므낫세의 남은 자손들에게 속하였더라"(수 17:3~6)

셋째, 개척 정신을 가지고 애쓰고 힘쓰고 노력하는 그리스도인들에게 주십니다.(수 17:14~18)

"여호수아가 그들에게 이르되 네가 큰 민족이 되므로 에브라임 산지가 네게 너무 좁을진대 브리스 족속과 르바임 족속의 땅 삼림에 올라가서 스스로 개척하라 하니라"(수 17:15)

"그 산지도 네 것이 되리니 비록 삼림이라도 네가 개척하라 그 끝까지 네 것이 되리라 가나안 족속이 비록 철 병거를 가졌고 강할지라도 네가 능히 그를 쫓아내리라 하였더라"(수 17:18)

하나님 나라를 유업으로 받은 그리스도인들은 하나님 말씀에 순종하며 성실하게 영적 전쟁을 치루어야 합니다.

"그러나 므낫세 자손이 그 성읍들의 주민을 쫓아내지 못하매 가나안 족속이 결심하고 그 땅에 거주하였더니 이스라엘 자손이 강성한 후에야 가나안 족속에게 노역을 시켰고 다 쫓아내지 아니하였더라"(수 17:12~13)

그러므로 성삼위 하나님의 은혜로 하나님 나라를 유업으로 받고 영적 전쟁에서 승리하며 하나님을 영화롭게 하는 우리 모두가 되기를 기도합니다.

여호수아 18장 2절

"그러나 이스라엘 자손 중에 그 기업의 분배를 받지 못한 자가 아직도 일곱 지파라"(개역개정판)

"그러나 이스라엘 아들들 중에 그들의 기업을 받지 못한 일곱 지파가 남아있었다"(원문직역)

여호수아 18장은 기업을 분배 받지 못한 일곱 지파의 분배 과정과 베냐민 지파의 기업에 대한 말씀입니다.

하나님은 언약하신 말씀대로 신실하게 하나님 나라를 기업으로 주시는 분입니다.(수 18:11~28)

"베냐민 자손 지파를 위하여 그들의 가족대로 제비를 뽑았으니 그 제비 뽑은 땅의 경계는 유다 자손과 요셉 자손의 중간이라"(수 18:11)
"베냐민에 대하여는 일렀으되 여호와의 사랑을 입은 자는 그 곁에 안전히 살리로다 여호와께서 그를 날이 마치도록 보호하시고 그를 자기 어깨 사이에 있게 하시리로다"(신 33:12)

그리스도인들이 하나님 나라를 유업으로 받기 위해서는?

첫째, 애쓰고 힘쓰고 노력해야 합니다.

"여호수아가 이스라엘 자손에게 이르되 너희가 너희 조상의 하나님 여호와께서 너희에게 주신 땅을 점령하러 가기를 어느 때까지 지체하겠느냐"(수 18:3)

둘째, 하나님 말씀에 순종해야 합니다.(수 18:4~10)

"그 사람들이 일어나 떠나니 여호수아가 그 땅을 그리러 가는 사람들에게 명령하여 이르되 가서 그 땅으로 두루 다니며 그것을 그려 가지고 내게로 돌아오라 내가 여기 실로의 여호와 앞에서 너희를 위하여 제비를 뽑으리라 하니 그 사람들이 가서 그 땅으로 두루 다니며 성읍들을 따라서 일곱 부분으로 책에 그려서 실로 진영에 돌아와 여호수아에게 나아오니 여호수아가 그들을 위하여 실로의 여호와 앞에서 제비를 뽑고 그가 거기서 이스라엘 자손의 분파대로 그 땅을 분배하였더라"(수 18:8~10)

하나님께서는 언약하신 말씀과 크신 은혜와 유일한 중보자인 예수 그리스도를 통해서 하나님 나라를 그리스도인들에게 주십니다.

말씀을 믿고 열정을 가지고 애쓰고 힘쓰고 노력하는 그리스도인들은 반드시 하나님 나라를 유업으로 받을 수 있습니다.

"세례 요한의 때부터 지금까지 천국은 침노를 당하나니 침노하는 자는 빼앗느니라"(마 11:12)

그러므로 성삼위 하나님의 은혜로 하나님 나라를 기업으로 받고 하나님을 영화롭게 하는 우리 모두가 되기를 기도합니다.

여호수아 19장 51절

"제사장 엘르아살과 눈의 아들 여호수아와 이스라엘 자손의 지파의 족장들이 실로에 있는 회막 문 여호와 앞에서 제비 뽑아 나눈 기업이 이러하니라 이에 땅 나누는 일을 마쳤더라"(개역개정판)

"이것들이 그 제사장 엘르아살과 눈의 아들 여호수아와 그리고 이스라엘의 아들들의 지파를 위한 그 족장들이 실로에 있는 회막의 문 여호와 앞에서 제비뽑아 받은 기업이었다. 그리하여 그들은 그 땅을 분배하는 것을 마쳤다"(원문직역)

여호수아 19장은 여섯 지파와 여호수아에게 가나안 땅을 기업으로 나누어 주는 말씀입니다.

그리스도인들에게 언약하신 말씀과 크신 은혜와 유일한 중보자 예수 그리스도의 품 안에서 하나님 나라를 기업으로 주시는 하나님은?

첫째, 주권적 은혜로 주십니다.

"제사장 엘르아살과 눈의 아들 여호수아와 이스라엘 자손의 지파의 족장들이 실로에 있는 회막 문 여호와 앞에서 제비 뽑아 나눈 기업이 이러하니라 이에 땅 나누는 일을 마쳤더라"(수 19:51)

둘째, 보편적으로 주십니다.(수 19:1~50)

"둘째로 시므온 곧 시므온 자손의 지파를 위하여 그들의 가족대로 제비를 뽑았으니 그들의 기업은 유다 자손의 기업 중에서라"(수 19:1)

"셋째로 스불론 자손을 위하여 그들의 가족대로 제비를 뽑았으니 그들의 기업의 경계는 사릿까지이며"(수 19:10)

"넷째로 잇사갈 곧 잇사갈 자손을 위하여 그들의 가족대로 제비를 뽑았으니"(수 19:17)

"다섯째로 아셀 자손의 지파를 위하여 그 가족대로 제비를 뽑았으니"(수 19:24)

"여섯째로 납달리 자손을 위하여 납달리 자손의 가족대로 제비를 뽑았으니"(수 19:32)

"일곱째로 단 자손의 지파를 위하여 그들의 가족대로 제비를 뽑았으니"(수 19:40)

"이스라엘 자손이 그들의 경계를 따라서 기업의 땅 나누기를 마치고 자기들 중에서 눈의 아들 여호수아에게 기업을 주었으니 곧 여호와의 명령대로 여호수아가 요구한 성읍 에브라임 산지 딤낫 세라를 주매 여호수아가그 성읍을 건설하고 거기 거주하였더라"(수 19:49~50)

셋째, 개척 정신을 가지고 영적 전쟁에서 승리한 그리스도인들에게 주십니다.

"그런데 단 자손의 경계는 더욱 확장되었으니 이는 단 자손이 올라가서 레셈과 싸워 그것을 점령하여 칼날로 치고 그것을 차지하여 거기 거주하였음이라 그들의 조상 단의 이름을 따라서 레셈을 단이라 하였더라"(수 19:47)

그리스도인은 하나님 나라 속에서 살며 하나님 나라를 드러내고 확장하며 완성을 바라보며 기뻐하고 즐거워하는 사람들입니다.

그러므로 성삼위 하나님의 은혜로 하나님 나라 속에서 살아가며 하나님을 영화롭게 하는 우리 모두가 되기를 기도합니다.

여호수아 20장 2절

"이스라엘 자손에게 말하여 이르기를 내가 모세를 통하여 너희에게 말한 도피성들을 너희를 위해 정하여"(개역개정판)

"너는 이스라엘 아들들에게 말하라. 말하기를 내가 모세를 통하여 너희에게 말한대로 그 도피성을 배정하라"(원문직역)

여호수아 20장은 하나님께서 모세를 통하여 지시하신 도피성 제도와 위치에 대한 말씀입니다.

도피성 제도를 주시는 하나님은?

첫째, 긍휼을 베푸시는 분입니다.(수 20:1~3, 7~9)

"여호와께서 여호수아에게 말씀하여 이르시되 이스라엘 자손에게 말하여 이르기를 내가 모세를 통하여 너희에게 말한 도피성들을 너희를 위해 정하여 부지중에 실수로 사람을 죽인 자를 그리로 도망하게 하라 이는 너희를 위해 피의 보복자를 피할 곳이니라"(수 20:1~3)

둘째, 질서(법, 정치)를 소중하게 여기시는 분입니다.

"이 성읍들 중의 하나에 도피하는 자는 그 성읍에 들어가는 문 어귀에 서서 그 성읍의 장로들의 귀에 자기의 사건을 말할 것이요 그들은 그를 성읍에 받아들여 한 곳을 주어 자기들 중에 거주하게 하고 피의 보복자가 그의 뒤를 따라온다 할지라도 그들은 그 살인자를 그의 손에 내주지 말지니 이는 본래 미워함이 없이 부지중에 그의 이웃을 죽였음이라 그 살인자는 회중 앞에 서서 재판을 받기까지"(수 20:4~6상)

셋째, 예수 그리스도의 대속 사역으로 용서하시는 분입니다.

"또는 그 당시 대제사장이 죽기까지 그 성읍에 거주하다가 그 후에 그 살인자는 그 성읍 곧 자기가 도망하여 나온 자기 성읍 자기 집으로 돌아갈지니라 하라 하시니라"(수 20:6하)

넷째, 보편적으로 은혜를 베푸시는 분입니다.(수 20:7~9)

"이는 곧 이스라엘 모든 자손과 그들 중에 거류하는 거류민을 위하여 선정된 성읍들로서 누구든지 부지중에 살인한 자가 그리로 도망하여 그가 회중 앞에 설 때까지 피의 보복자의 손에 죽지 아니하게 하기 위함이라"(수 20:9)

"유대인이나 헬라인이나 차별이 없음이라 한 분이신 주께서 모든 사람의 주가 되사 그를 부르는 모든 사람에게 부요하시도다"(롬 10:12)

그리스도인들은 죄 사함 받았지만 죄의 부패성과 오염성으로 인한 연약함으로 고의성 아닌 원하지 않는 죄를 짓습니다.

긍휼이 많으신 하나님께서는 예수 그리스도의 품 안에 있는 그리스도인들을 용서하십니다.

그러므로 성삼위 하나님의 은혜로 생명 얻는 회개의 은총 가운데 거룩한 위치에서 살아가며 하나님을 영화롭게 하는 우리 모두가 되기를 기도합니다.

여호수아 21장 43절

"여호와께서 이스라엘의 조상들에게 맹세하사 주리라 하신 온 땅을 이와 같이 이스라엘에게 다 주셨으므로 그들이 그것을 차지하여 거기에 거주하였으니"(개역개정판)

"그리고 여호와께서 그들의 아버지들에게 주시겠다고 맹세하신 그 모든 땅을 이스라엘에게 주셨다. 그리고 그들이 그것을 소유하였다. 그리고 그들이 그 안에서 살았다"(원문직역)

여호수아 21장은 하나님께서 아브라함과 모세에게 언약하신 말씀 따라 이스라엘 백성들에게 가나안 땅을 기업으로 주시고 레위 지파에게 48개 성읍을 주시는 말씀입니다.

"그 날에 여호와께서 아브람과 더불어 언약을 세워 이르시되 내가 이 땅을 애굽 강에서부터 그 큰 강 유브라데까지 네 자손에게 주노니 곧 겐 족속과 그니스 족속과 갓몬 족속과 헷 족속과 브리스 족속과 르바 족속과 아모리 족속과 가나안 족속과 기르가스 족속과 여부스 족속의 땅이니라 하셨더라"(창 15:18~21)

"너희가 레위인에게 모두 사십팔 성읍을 주고 그 초장도 함께 주되 너희가 이스라엘 자손의 소유에서 레위인에게 너희가 성읍을 줄 때에 많이 받은 자에게서는 많이 떼어서 주고 적게 받은 자에게서는 적게 떼어 줄 것이라 각기 받은 기업을 따라서 그 성읍들을 레위인에게 줄지니라"(민 35:7~8)

하나님께서는 아브라함에게 언약하신 말씀대로 신실하게 이스라엘 백성들에게 가나안 땅을 주셨습니다.

"여호와께서 이스라엘의 조상들에게 맹세하사 주리라 하신 온 땅을 이와 같이 이스라엘에게 다 주셨으므로 그들이 그것을 차지하여 거기에 거주하였으니 여호와께서 그들의 주위에 안식을 주셨으되 그 조상들에게 맹세하신 대로 하셨으므로 그들의 모든 원수들 중에 그들과 맞선 자가 하나도 없었으니 이는 여호와께서 그들의 모든 원수들을 그들의 손에 넘겨 주셨음이니라 여호와께서 이스라엘 족속에게 말씀하신 선한 말씀이 하나도 남음이 없이 다 응하였더라"(수 21:43~45)

레위 지파에게는 이스라엘 12지파 안에서 48개 성읍을 주셨습니다.

"레위 사람들이 이스라엘 자손의 기업 중에서 받은 성읍은 모두 마흔여덟 성읍이요 또 그 목초지들이라 이 각 성읍의 주위에 목초지가 있었고 모든 성읍이 다 그러하였더라"(수 21:41~42)

구약 시대의 레위인은 교회의 머리이시고 영원한 제사장이신 예수 그리스도를 주인으로 모시고 교회를 받들어 섬기는 모든 그리스도인을 예표합니다.

모든 레위인(그리스도인)은 하나님으로 만족하며 하나님께서 하나님 영광과 교회를 받들어 섬기고 세우게 하는 직분과 사역 주심을 영광스럽게 생각하며 충성하는 사람들입니다.

모든 레위인(그리스도인) 가운데 목회자는 세상 나라에 기업이 없고 목회에만 전념하는 사람들입니다.

"오직 레위 지파에게는 여호수아가 기업으로 준 것이 없었으니 이는 그에게 말씀하신 것과 같이 이스라엘의 하나님 여호와께 드리는 화제물이 그들의 기업이 되었음이더라"(수 13:14)

"오직 레위 지파에게는 모세가 기업을 주지 아니하였으니 이는 그들에게 말씀하신 것과 같이 이스라엘의 하나님 여호와께서 그들의 기업이 되심이었더라"(수 13:33)

교회를 받들어 섬기고 세워나가는 사역에 전념하는 목회자들에게 지교회는?

첫째, 교회의 형편과 사정대로 생활비를 지불해야 합니다.

"그 때에 레위 사람의 족장들이 제사장 엘르아살과 눈의 아들 여호수아와 이스라엘 자손의 지파 족장들에게 나아와 가나안 땅 실로에서 그들에게 말하여 이르되 여호와께서 모세에게 명령하사 우리가 거주할 성읍들과 우리 가축을 위해 그 목초지들을 우리에게 주라 하셨나이다 하매 이스라엘 자손이 여호와의 명령을 따라 자기의 기업에서 이 성읍들과 그 목초지들을 레위 사람에게 주니라"(수 21:1~3)

"성전의 일을 하는 이들은 성전에서 나는 것을 먹으며 제단에서 섬기는 이들은 제단과 함께 나누는 것을 너희가 알지 못하느냐 이와 같이 주께서도 복음 전하는 자들이 복음으로 말미암아 살리라 명하셨느니라"(고전 9:13~14)

둘째, 하나님께서 세우신 질서와 주신 은사대로 지불해야 합니다.(수 21:4~40)

"그핫 가족을 위하여 제비를 뽑았는데 레위 사람 중 제사장 아론의 자손들은 유다 지파와 시므온 지파와 베냐민 지파 중에서 제비 뽑은 대로 열세 성읍을 받았고 그핫 자손들 중에 남은 자는 에브라임 지파의 가족과 단 지파와 므낫세 반 지파 중에서 제비 뽑은 대로 열 성읍을 받았으며 게르손 자손들은 잇사갈 지파의 가족들과 아셀 지파와 납달리 지파와 바산에 있는 므낫세 반 지파 중에서 제비 뽑은 대로 열세 성읍을 받았더라 므라리 자손들은 그 가족대로 르우벤 지파와 갓 지파와 스불론 지파 중에서 열두 성읍을 받았더라"(수 21:4~7)

각 지교회는 후하고 넉넉한 마음으로 지불하고 목회자는 겸손하고 감사한 마음으로 받고 충성해야 합니다.

"그리고 맡은 자들에게 구할 것은 충성이니라"(고전 4:2)

그러므로 성삼위 하나님의 은혜로 교회의 바른 질서를 세우며 하나님을 영화롭게 하는 우리 모두가 되기를 기도합니다.

여호수아 22장 34절

"르우벤 자손과 갓 자손이 그 제단을 엣이라 불렀으니 우리 사이에 이 제단은 여호와께서 하나님이 되시는 증거라 함이었더라"(개역개정판)

"그리고 르우벤의 아들들과 갓의 아들들이 제단으로 불렀다. 참으로 그것이 증거이니 우리 사이에 참으로 여호와는 그 하나님이시라는 것이다"(원문직역)

여호수아 22장은 르우벤 지파와 갓 지파와 므낫세 반 지파가 가나안 7년 전쟁을 마치고 길르앗 지역으로 돌아가며 요단강 언덕에 큰 제단을 쌓으므로 일어난 분쟁을 해결하는 말씀입니다.

하나의 거룩한 공교회에 속한 바른 지교회는?

첫째, 지체 된 교회를 위해 의무와 책임을 다하는 모임입니다.

"그 때에 여호수아가 르우벤 사람과 갓 사람과 므낫세 반 지파를 불러서 그들에게 이르되 여호와의 종 모세가 너희에게 명령한 것을 너희가 다 지키며 또 내가 너희에게 명령한 모든 일에 너희가 내 말을 순종하여 오늘까지 날이 오래도록 너희가 너희 형제를 떠나지 아니하고 오직 너희의 하나님 여호와께서 명령하신 그 책임을 지키도다"(수 22:1~3)

둘째, 하나님을 사랑하고 말씀에 순종하는 모임입니다.

"이제는 너희의 하나님 여호와께서 이미 말씀하신 대로 너희 형제에게 안식을 주셨으니 그런즉 이제 너희는 여호와의 종 모세가 요단 저쪽에서 너희에게 준 소유지로 가서 너희의 장막으로 돌아가되 오직 여호와의 종 모세가 너희에게 명령한 명령과 율법을 반드시 행하여 너희의 하나님 여호와를 사랑하고 그의 모든 길로 행하며 그의 계명을 지켜 그에게 친근히 하고 너희의 마음을 다하며 성품을 다하여 그를 섬길지니라 하고"(수 22:4~5)

셋째, 지체 된 교회들을 섬기고 축복하는 모임입니다.

"여호수아가 그들에게 축복하여 보내매 그들이 자기 장막으로 갔더라 므낫세 반 지파에게는 모세가 바산에서 기업을 주었고 그 남은 반 지파에게는 여호수아가 요단 이쪽 서쪽에서 그들의 형제들과 함께 기업을 준지라 여호수아가 그들을 그들의 장막으로 돌려보낼 때에 그들에게 축복하고 말하여 이르되 너희는 많은 재산과 심히 많은 가축과 은과 금과 구리와 쇠와 심히 많은 의복을 가지고 너희의 장막으로 돌아가서 너희의 원수들에게서 탈취한 것을 너희의 형제와 나눌지니라 하매 르우벤 자손과 갓 자손과 므낫세 반 지파가 가나안 땅 실로에서 이스라엘 자손을 떠나 여호와께서 모세에게 명령하신 대로 받은 땅 곧 그들의 소유지 길르앗으로 가니라"(수 22:6~9)

넷째, 교리적 성결과 도덕적 성결의 위치에서 지체 된 교회들과 더불어 함께 지어져가는 모임입니다. (수 22:10~34)

"르우벤 자손과 갓 자손과 므낫세 반 지파가 가나안 땅 요단 언덕 가에 이르자 거기서 요단 가에 제단을 쌓았는데 보기에 큰 제단이었더라"(수 22:10)

"우리가 말하기를 우리가 이제 한 제단 쌓기를 준비하자 하였노니 이는 번제를 위함도 아니요 다른 제사를 위함도 아니라 우리가 여호와 앞에서 우리의 번제와 우리의 다른 제사와 우리의 화목제로 섬기는 것을 우리와 너희 사이와 우리의 후대 사이에 증거가 되게 할 뿐으로서 너희 자손들이 후일에 우리 자손들에게 이르기를 너희는 여호와께 받을 분깃이 없다 하지 못하게 하려 함이라 우리가 말하였거니와 만일 그들이 후일에 우리에게나 우리 후대에게 이같이 말하면 우리가 말하기를 우리 조상이 지은 여호와의 제단 모형을 보라 이는 번제를 위한 것도 아니요 다른 제사를 위한 것도 아니라 오직 우리와 너희 사이에 증거만 되게 할 뿐이라 우리가 번제나 소제나 다른 제사를 위하여 우리 하나님 여호와의 성막 앞에 있는 제단 외에 제단을 쌓음으로 여호와를 거역하고 오늘 여호와를 따르는 데에서 돌아서려는 것은 결단코 아니라 하리라"(수 22:26~29)

하나의 거룩한 공교회에 속한 바른 지교회는 교리적 성결과 도덕덕 성결의 위치에서 지체 된 교회들과 화목하고 섬기며 더불어 함께 지어져 가는 모임입니다.

그러므로 성삼위 하나님의 은혜로 바른 교회를 이루며 하나님을 영화롭게 하는 우리 모두가 되기를 기도합니다.

여호수아 23장 6절

"그러므로 너희는 크게 힘써 모세의 율법 책에 기록된 것을 다 지켜 행하라 그것을 떠나 우로나 좌로나 치우치지 말라"(개역개정판)

"그러므로 너희는 지키기 위해 매우 강하게 해야한다. 그리고 모세 율법의 책에 그 기록된 모든 것을 행하라. 그것으로부터 오른쪽이든 왼쪽이든 떠나지 말라"(원문 직역)

예수 그리스도의 대속 사역 은총으로 구원받고 하나님 은혜로 하나님 나라를 기업으로 물려받은 그리스도인들은?

"너희의 하나님 여호와께서 너희를 위하여 이 모든 나라에 행하신 일을 너희가 다 보았거니와 너희의 하나님 여호와 그는 너희를 위하여 싸우신 이시니라 보라 내가 요단에서부터 해 지는 쪽 대해까지의 남아 있는 나라들과 이미 멸한 모든 나라를 내가 너희를 위하여 제비 뽑아 너희의 지파에게 기업이 되게 하였느니라"(수 23:3~4)

"이는 여호와께서 강대한 나라들을 너희의 앞에서 쫓아내셨으므로 오늘까지 너희에게 맞선 자가 하나도 없었느니라 너희 중 한 사람이 천 명을 쫓으리니 이는 너희의 하나님 여호와 그가 너희에게 말씀하신 것 같이 너희를 위하여 싸우심이라"(수 23:9~10)

첫째, 성화의 은총 가운데 사는 사람들입니다.

"너희의 하나님 여호와 그가 너희 앞에서 그들을 쫓아내사 너희 목전에서 그들을 떠나게 하시리니 너희의 하나님 여호와께서 너희에게 말씀하신 대로 너희가 그 땅을 차지할 것이라"(수 23:5)

둘째, 하나님 말씀에 순종하며 사는 사람들입니다.

"그러므로 너희는 크게 힘써 모세의 율법 책에 기록된 것을 다 지켜 행하라 그것을 떠나 우로나 좌로나 치우치지 말라 (떠나지 말라)"(신 23:6)

셋째, 우상 숭배하지 않는 사람들입니다.

"너희 중에 남아 있는 이 민족들 중에 들어 가지 말라 그들의 신들의 이름을 부르지 말라 그것들을 가리켜 맹세하지 말라 또 그것을 섬겨서 그것들에게 절하지 말라"(수 23:7)

넷째, 하나님과 동행하는 사람들입니다.

"오직 너희의 하나님 여호와께 가까이 하기를 오늘까지 행한 것 같이 하라"(수 23:8)

다섯째, 하나님을 사랑하는 사람들입니다.

"그러므로 스스로 조심하여 너희의 하나님 여호와를 사랑하라"(수 23:11)

여섯째, 세상과 짝하지 않는 사람들입니다.

"너희가 만일 돌아서서 너희 중에 남아 있는 이 민족들을 가까이 하여 더불어 혼인하며 서로 왕래하면 확실히 알라 너희의 하나님 여호와께서 이 민족들을 너희 목전에서 다시는 쫓아내지 아니하시리니 그들이 너희에게 올무가 되며 덫이 되며 너희의 옆구리에 채찍이 되며 너희의 눈에 가시가 되어서 너희가 마침내 너희의 하나님 여호와께서 너희에게 주신 이 아름다운 땅에서 멸하리라"(수 23:12~13)

일곱째, 악한 세상위에 내리는 하나님의 진노를 경험하지 않고 사는 사람들입니다.

"보라 나는 오늘 온 세상이 가는 길로 가려니와 너희의 하나님 여호와께서 너희에게 대하여 말씀하신 모든 선한 말씀이 하나도 틀리지 아니하고 다 너희에게 응하여 그 중에 하나도 어김이 없음을 너희 모든 사람은 마음과 뜻으로 아는 바라 너희의 하나님 여호와께서 너희에게 말씀하신 모든 선한 말씀이 너희에게 임한 것 같이 여호와께서 모든 불길한 말씀도 (재앙의 말씀들도) 너희에게 임하게 하사 너희의 하나님 여호와께서 너희에게 주신 이 아름다운 땅에서 너희를 멸절하기까지 하실 것이라 만일 너희가 너희의 하나님 여호와께서 너희에게 명령하신 언약을 범하고 가서 다른 신들을 섬겨 그들에게 절하면 여호와의 진노가 너희에게 미치리니 너희에게 주신 아름다운 땅에서 너희가 속히 멸망하리라 하니라"(수 23:14~16)

그리스도인은 하나님 인격인 하나님 말씀에 순종하며 사는 사람들입니다.

그러므로 성삼위 하나님의 은혜로 하나님 말씀에 순종하며 하나님을 영화롭게 하는 우리 모두가 되기를 기도합니다.

여호수아 24장 14절

"그러므로 이제는 여호와를 경외하며 온전함과 진실함으로 그를 섬기라 너희의 조상들이 강 저쪽과 애굽에서 섬기던 신들을 치워 버리고 여호와만 섬기라"(개역개정판)

"그러므로 너희들은 여호와를 경외하라. 그리고 완전함과 진실함으로 섬겨라. 그리고 너희들은 너희 아버지들이 그 강 건너편과 그리고 애굽에서 섬기던 신들을 제거하고 여호와만 섬겨라"(원문직역)

여호수아 24장은 이스라엘 백성들을 향한 여호수아의 마지막 권면과 언약의 갱신과 여호수아의 죽음을 기록하고 있습니다.

예수 그리스도의 대속 사역 은총으로 구원 받고 하나님 나라를 유업으로 선물 받은 그리스도인들은?

첫째, 하나님께서 과거에 예수 그리스도의 품 안에서 주신 은혜를 소중하게 간직하는 사람들입니다.(수 24:1~13)

"내가 모세와 아론을 보내었고 또 애굽에 재앙을 내렸나니 곧 내가 그들 가운데 행한 것과 같고 그 후에 너희를 인도하여 내었노라"(수 24:5)
"내가 또 너희가 수고하지 아니한 땅과 너희가 건설하지 아니한 성읍들을 너희에게 주었더니 너희가 그 가운데에 거주하며 너희는 또 너희가 심지 아니한 포도원과 감람원의 열매를 먹는다 하셨느니라"(수 24:13)

둘째, 하나님만 받들어 섬기는 사람들입니다.(수 24:14~18)

"그러므로 이제는 여호와를 경외하며 온전함과 진실함으로 그를 섬기라 너희의 조상들이 강 저쪽과 애굽에서 섬기던 신들을 치워 버리고 여호와만 섬기라 만일 여호와를 섬기는 것이 너희에게 좋지 않게 보이거든 너희 조상들이 강 저쪽에서 섬기던 신들이든지 또는 너희가 거주하는 땅에 있는 아모리 족속의 신들이든지 너희가 섬길 자를 오늘 택하라 오직 나와 내 집은 여호와를 섬기겠노라 하니"(수 24:14~15)

셋째, 예수 그리스도의 품 안에서 성령님과 말씀으로 하나님을 섬기는 사람들입니다.

"여호수아가 백성에게 이르되 너희가 여호와를 능히 섬기지 못할 것은 그는 거룩하신 하나님이시요 질투하시는 하나님이시니 너희의 잘못과 죄들을 사하지 아니하실 것임이라"(수 24:19)

넷째, 배도와 배교하지 않는 사람들입니다.

"만일 너희가 여호와를 버리고 이방 신들을 섬기면 너희에게 복을 내리신 후에라도 돌이켜 너희에게 재앙을 내리시고 너희를 멸하시리라 하니 백성이 여호수아에게 말하되 아니니이다 우리가 여호와를 섬기겠나이다 하는지라"(수 24:20~21)

다섯째, 언약 백성의 위치에서 사는 사람들입니다.(수 24:22~28)

"그 날에 여호수아가 세겜에서 백성과 더불어 언약을 맺고 그들을 위하여 율례와 법도를 제정하였더라"(수 24:25)

그리스도인은 하나님 말씀에 순종하며 사는 사람들입니다.

"백성이 여호수아에게 말하되 우리 하나님 여호와를 우리가 섬기고 그의 목소리를 우리가 청종하리이다 하는지라"(수 24:24)

그러므로 성삼위 하나님의 은혜로 하나님 말씀에 순종하며 하나님을 영화롭게 하는 우리 모두가 되기를 기도합니다.

사사기

사사기 1장 19절

"여호와께서 유다와 함께 계셨으므로 그가 산지 주민을 쫓아내었으나 골짜기의 주민들은 철 병거가 있으므로 그들을 쫓아내지 못하였으며"(개역개정판)

"그리고 여호와께서 유다와 함께 계셨다. 그리고 그는 산지를 점령하였다. 그러나 그는 그 골짜기의 거민들을 쫓아내지 못했다. 왜냐하면 그들에게 철병거가 있었기 때문이다"(원문직역)

사사기 1장은 이스라엘 백성들이 가나안 족속들과 전투를 치루는 말씀입니다.

유다 지파와 베냐민 지파와 므낫세 지파와 에브라임 지파와 아셀 지파와 납달리 지파와 단 지파는 가나안 족속들을 모두 몰아내지 못했습니다.

"여호와께서 유다와 함께 계셨으므로 그가 산지 주민을 쫓아내었으나 골짜기의 주민들은 철 병거가 있으므로 그들을 쫓아내지 못하였으며"(삿 1:19)

"베냐민 자손은 예루살렘에 거주하는 여부스 족속을 쫓아내지 못하였으므로 여부스 족속이 베냐민 자손과 함께 오늘까지 예루살렘에 거주하니라"(삿 1:21)

"므낫세가 벧스안과 그에 딸린 마을들의 주민과 다아낙과 그에 딸린 마을들의 주민과 돌과 그에 딸린 마을들의 주민과 이블르암과 그에 딸린 마을들의 주민과 므깃도와 그에 딸린 마을들의 주민들을 쫓아내지 못하매 가나안 족속이 결심하고 그 땅에 거주하였더니 이스라엘이 강성한 후에야 가나안 족속에게 노역을 시켰고 다 쫓아내지 아니하였더라 에브라임이 게셀에 거주하는 가나안 족속을 쫓아내지 못하매 가나안 족속이 게셀에서 그들 중에 거주하였더라 스불론은 기드론 주민과 나할롤 주민을 쫓아내지 못하였으므로 가나안 족속이 그들 중에 거주하면서 노역을 하였더라 아셀이 악고 주민과 시돈 주민과 알랍과 악십과 헬바와 아빅과 르홉 주민을 쫓아내지 못하고 아셀 족속이 그 땅의 주민 가나안 족속 가운데 거주하였으니 이는 그들을 쫓아내지 못함이었더라 납달리는 벧세메스 주민과 벧아낫 주민을 쫓아내지 못하고 그 땅의 주민 가나안 족속 가운데 거주하였으나 벧세메스와 벧아낫 주민들이 그들에게 노역을 하였더라 아모리 족속이 단 자손을 산지로 몰아넣고 골짜기에 내려오기를 용납하지 아니하였으며"(삿 1:27~34)

그리스도인들은 하나님 나라를 하나님의 언약 말씀과 하나님의 크신 은혜와 유일한 중보자 예수 그리스도를 통해 기업으로 받은 사람들입니다.

하나님 나라를 유업으로 받은 그리스도인들은 반드시 가나안 족속이 표상하는 "자라"(매춘부, 창녀, 율법의 낯선 여인)를 성령님과 말씀을 통해 몰아내고 정복해야 합니다.

"내가 모세에게 말한 바와 같이 너희 발바닥으로 밟는 곳은 모두 내가 너희에게 주었노니"(수 1:3)

"그 날에 모세가 맹세하여 이르되 네가 내 하나님 여호와께 충성하였은즉 네 발로 밟는 땅은 영원히 너와 네 자손의 기업이 되리라 하였나이다"(수 14:9)

육체의 소욕을 날마다 죽여야 합니다.

죄를 몰아내야 합니다.

세상 사랑을 죽여야 합니다.

오만한 자아를 죽여야 합니다.

거짓 교리를 몰아내야 합니다.

날마다 사단과 영적 전쟁을 치루고 승리해야 합니다.

"자라"를 쫒아내지 않으면 우리는 일평생 "자라" 때문에 하나님께서 악한 세상 위에 내리시는 하나님의 진노를 경험하며 살아갑니다.

"그러므로 스스로 조심하여 너희의 하나님 여호와를 사랑하라 너희가 만일 돌아서서 너희 중에 남아 있는 이 민족들을 가까이 하여 더불어 혼인하며 서로 왕래하면 확실히 알라 너희의 하나님 여호와께서 이 민족들을 너희 목전에서 다시는 쫓아내지 아니하시리니 그들이 너희에게 올무가 되며 덫이 되며 너희의 옆구리에 채찍이 되며 너희의 눈에 가시가 되어서 너희가 마침내 너희의 하나님 여호와께서 너희에게 주신 이 아름다운 땅에서 멸하리라"(수 23:11~13)

"자라"(율법의 낯선 여인)와 "자나"(율법의 낯선 여인과 관계를 맺는 것)해서 영적 "조나"(매춘부, 창녀)된 이스라엘은 남북으로 분열되어 B.C.721년에 북 이스라엘은 앗수르에게 멸망 당했고 남유다는 B.C.721년에 바베론에게 멸망 당했고 A.D.70년에는 로마에게 멸망 당했습니다.

그러므로 성삼위 하나님의 은혜로 영적 전쟁에서 승리하며 하나님을 영화롭게 하는 우리 모두가 되기를 기도합니다.

사사기 2장 5절

"그러므로 그 곳을 이름하여 보김이라 하고 그들이 거기서 여호와께 제사를 드렸더라"(개역개정판)

"그래서 그들이 그 장소의 이름을 보김이라고 불렀다. 그리고 그들이 그곳에서 여호와께 희생제사를 드렸다"(원문직역)

사사기 2장은 이스라엘 백성들이 하나님과 맺은 언약을 버리고 범죄하는 내용의 말씀입니다.

"세계가 다 내게 속하였나니 너희가 내 말을 잘 듣고 내 언약을 지키면 너희는 모든 민족 중에서 내 소유가 되겠고 너희가 내게 대하여 제사장 나라가 되며 거룩한 백성이 되리라 너는 이 말을 이스라엘 자손에게 전할지니라"(출 19:5~6)
"호렙에서 이스라엘 자손과 세우신 언약 외에 여호와께서 모세에게 명령하여 모압 땅에서 그들과 세우신 언약의 말씀은 이러하니라"(신 29:1)
"그 날에 여호수아가 세겜에서 백성과 더불어 언약을 맺고 그들을 위하여 율례와 법도를 제정하였더라"(수 24:25)

이스라엘 백성들은 언약을 버리고 범죄하지만 하나님은?

첫째, 언약을 신실하게 이행하시는 분입니다.

"여호와의 사자가 길갈에서부터 보김으로 올라와 말하되 내가 너희를 애굽에서 올라오게 하여 내가 너희의 조상들에게 맹세한 땅으로 들어가게 하였으며 또 내가 이르기를 내가 너희와 함께 한 언약을 영원히 어기지 아니하리니"(삿 2:1)

둘째, 징계하시는 분입니다.

"너희는 이 땅의 주민과 언약을 맺지 말며 그들의 제단들을 헐라 하였거늘 너희가 내 목소리를 듣지 아니하였으니 어찌하여 그리하였느냐 그러므로 내가 또 말하기를 내가 그들을 너희 앞에서 쫓아내지 아니하리니 그들이 너희 옆구리에 가시가 될 것이며 그들의 신들이 너희에게 올무가 되리라 하였노라"(삿 2:2~3)

"곧 그들이 여호와를 버리고 바알과 아스다롯을 섬겼으므로 여호와께서 이스라엘에게 진노하사 노략하는 자의 손에 넘겨 주사 그들이 노략을 당하게 하시며 또 주위에 있는 모든 대적의 손에 팔아 넘기시매 그들이 다시는 대적을 당하지 못하였으며 그들이 어디로 가든지 여호와의 손이 그들에게 재앙을 내리시니 곧 여호와께서 말씀하신 것과 같고 여호와께서 그들에게 맹세하신 것과 같아서 그들의 괴로움이 심하였더라"(삿 2:13~15)

셋째, 생명얻는 회개의 은총을 주시는 분입니다.

"여호와의 사자가 이스라엘 모든 자손에게 이 말씀을 이르매 백성이 소리를 높여 운지라 그러므로 그 곳을 이름하여 보김이라 하고 그들이 거기서 여호와께 제사를 드렸더라"(삿 2:4~5)

넷째, 긍휼을 베푸시는 분입니다.

"여호와께서 사사들을 세우사 노략자의 손에서 그들을 구원하게 하셨으나 그들이 그 사사들에게도 순종하지 아니하고 오히려 다른 신들을 따라가 음행하며 그들에게 절하고 여호와의 명령을 순종하던 그들의 조상들이 행하던 길에서 속히 치우쳐 떠나서 그와 같이 행하지 아니하였더라 여호와께서 그들을 위하여 사사들을 세우실 때에는 그 사사와 함께 하셨고 그 사사가 사는 날 동안에는 여호와께서 그들을 대적의 손에서 구원하셨으니 이는 그들이 대적에게 압박과 괴롭게 함을 받아 슬피 부르짖으므로 여호와께서 뜻을 돌이키셨음이거늘"(삿 2:16~18)

다섯째, 연단하시는 분입니다.

"여호와께서 이스라엘에게 진노하여 이르시되 이 백성이 내가 그들의 조상들에게 명령한 언약을 어기고 나의 목소리를 순종하지 아니하였은즉 나도 여호수아가 죽을 때에 남겨 둔 이방 민족들을 다시는 그들 앞에서 하나도 쫓아내지 아니하리니 이는 이스라엘이 그들의 조상들이 지킨 것 같이 나 여호와의 도를 지켜 행하나 아니하나 그들을 시험하려 함이라 하시니라 여호와께서 그 이방 민족들을 머물러

두사 그들을 속히 쫓아내지 아니하셨으며 여호수아의 손에 넘겨 주지 아니하셨더라"(삿 2:20~23)

그리스도인들은 언약 백성의 위치에서 사는 사람들입니다.

그러므로 성삼위 하나님의 은혜로 언약 백성의 위치에서 살아가며 하나님을 영화롭게 하는 우리 모두가 되기를 기도합니다.

사사기 3장 1절

"여호와께서 가나안의 모든 전쟁들을 알지 못한 이스라엘을 시험하려 하시며"(개역개정판)

"그리고 여호와께서 그 민족들을 남겨두셨다. 그들을 통해서 가나안의 전쟁들을 알지 못했던 이스라엘 모두를 훈련시키기 위함이었다"(원문직역)

사사기 3장은 이스라엘의 배교와 사사 옷니엘과 에훗과 삼갈에 대한 말씀입니다.

하나님은 시험하시고 연단하시는 분입니다.

"여호와께서 가나안의 모든 전쟁들을 알지 못한 이스라엘을 시험하려 하시며 이스라엘 자손의 세대 중에 아직 전쟁을 알지 못하는 자들에게 그것을 가르쳐 알게 하려 하사 남겨 두신 이방 민족들은 블레셋의 다섯 군주들과 모든 가나안 족속과 시돈 족속과 바알 헤르몬 산에서부터 하맛 입구까지 레바논 산에 거주하는 히위 족속이라 남겨 두신 이 이방 민족들로 이스라엘을 시험하사 여호와께서 모세를 통하여 그들의 조상들에게 이르신 명령들을 순종하는지 알고자 하셨더라"(삿 3:1~4)

하나님께서는 하나님만 믿고 의지하고 열매 맺게 하기 위해 가나안 족속들을 남겨두신 것입니다.

그러나 이스라엘 백성들은?

첫째, 배도와 배교했습니다.

"그러므로 이스라엘 자손은 가나안 족속과 헷 족속과 아모리 족속과 브리스 족속과 히위 족속과 여부스 족속 가운데에 거주하면서 그들의 딸들을 맞아 아내로 삼으며 자기 딸들을 그들의 아들들에게 주고 또 그들의 신들을 섬겼더라 이스라엘 자손이 여호와의 목전에 악을 행하여 자기들의 하나님 여호와를 잊어버리고 바알들과 아세라들을 섬긴지라"(삿 3:5~7)

"이스라엘 자손이 또 여호와의 목전에 악을 행하니라 이스라엘 자손이 여호와의 목전에 악을 행하므로"(삿 3:12상)

둘째, 징계 받았습니다.

"여호와께서 이스라엘에게 진노하사 그들을 메소보다미아 왕 구산 리사다임의 손에 파셨으므로 이스라엘 자손이 구산 리사다임을 팔 년 동안 섬겼더니"(삿 3:8)

"여호와께서 모압 왕 에글론을 강성하게 하사 그들을 대적하게 하시매 에글론이 암몬과 아말렉 자손들을 모아 가지고 와서 이스라엘을 쳐서 종려나무 성읍을 점령한지라 이에 이스라엘 자손이 모압 왕 에글론을 열여덟 해 동안 섬기니라"(삿 3:12하~14)

셋째, 회개 했습니다.

"이스라엘 자손이 여호와께 부르짖으매"(삿 3:9상)

"이스라엘 자손이 여호와께 부르짖으매"(삿 3:15상)

넷째, 구원 받았습니다.

"여호와께서 이스라엘 자손을 위하여 한 구원자를 세워 그들을 구원하게 하시니 그는 곧 갈렙의 아우 그나스의 아들 옷니엘이라"(삿 3:9하)

"여호와께서 그들을 위하여 한 구원자를 세우셨으니 그는 곧 베냐민 사람 게라의 아들 왼손잡이 에훗이라"(삿 3:15중)

"에훗 후에는 아낫의 아들 삼갈이 있어 소 모는 막대기로 블레셋 사람 육백 명을 죽였고 그도 이스라엘을 구원하였더라"(삿 3:31)

다섯째, "솨카트"(전쟁이 멈춰지고 잠잠해지는 평온)의 은총을 받았습니다.

"그 땅이 평온한 지 사십 년에 그나스의 아들 옷니엘이 죽었더라"(삿 3:11)
"그 날에 모압이 이스라엘 수하에 굴복하매 그 땅이 팔십 년 동안 평온하였더라"(삿 3:30)

이스라엘 백성들은 배도와 배교와 징계와 회개와 구원과 평온을 반복적으로 체험하며 살았습니다.

남은 자인 소수를 제외하고는 언약 백성의 위치와 하나님 자녀의 위치와 예수 그리스도의 몸 된 교회의 지체의 위치와 예수 그리스도의 순결하고 정숙하고 현숙한 그리스도의 신부의 위치에서 살지 못했습니다.

그러므로 성삼위 하나님의 은혜로 그리스도인의 바른 위치에서 살아가며 하나님을 영화롭게 하는 우리 모두가 되기를 기도합니다.

사사기 4장 1절

"에훗이 죽으니 이스라엘 자손이 또 여호와의 목전에 악을 행하매"(개역개정판)

"그리고 에훗이 죽은 후에 다시 이스라엘 아들들이 여호와의 눈 앞에서 그 악을 계속 행했다"(원문직역)

사사기 4장은 가나안 왕 야빈으로부터 학대받는 이스라엘이 드보라와 바락을 통해서 구원받는 내용의 말씀입니다.

이스라엘 백성들은 다시 반복적으로 악을 행합니다.

"에훗이 죽으니 이스라엘 자손이 또 여호와의 목전에 악을 행하매"(삿 4:1)

하나님은 반복적으로 범죄하는 이스라엘 백성에게?

첫째, 징계하셨습니다.

"여호와께서 하솔에서 통치하는 가나안 왕 야빈의 손에 그들을 파셨으니 그의 군대 장관은 하로셋 학고임에 거주하는 시스라요 야빈 왕은 철 병거 구백 대가 있어 이십 년 동안 이스라엘 자손을 심히 학대했으므로"(삿 4:2~3)

둘째, 고통의 부르짖음을 들으셨습니다.

"이스라엘 자손이 여호와께 부르짖었더라"(삿 4:3하)

셋째, 구원자를 세워주셨습니다.(삿 4:4~11)

> “그 때에 랍비돗의 아내 여선지자 드보라가 이스라엘의 사사가 되었는데 그는 에브라임 산지 라마와 벧엘 사이 드보라의 종려나무 아래에 거주하였고 이스라엘 자손은 그에게 나아가 재판을 받더라 드보라가 사람을 보내어 아비노암의 아들 바락을 납달리 게데스에서 불러다가 그에게 이르되 이스라엘의 하나님 여호와께서 이같이 명령하지 아니하셨느냐 너는 납달리 자손과 스불론 자손 만 명을 거느리고 다볼 산으로 가라 내가 야빈의 군대 장관 시스라와 그의 병거들과 그의 무리를 기손 강으로 이끌어 네게 이르게 하고 그를 네 손에 넘겨 주리라 하셨느니라”(삿 4:4~7)

넷째, 가나안 왕 야빈의 손에서 구원해 주셨습니다.(삿 4:12~24)

> “여호와께서 바락 앞에서 시스라와 그의 모든 병거와 그의 온 군대를 칼날로 혼란에 빠지게 하시매 시스라가 병거에서 내려 걸어서 도망한지라 바락이 그의 병거들과 군대를 추격하여 하로셋학고임에 이르니 시스라의 온 군대가 다 칼에 엎드러졌고 한 사람도 남은 자가 없었더라”(삿 4:15~16)
>
> “이스라엘 자손의 손이 가나안 왕 야빈을 점점 더 눌러서 마침내 가나안 왕 야빈을 진멸하였더라”(삿 4:24)

이스라엘 백성들은 하나님의 오래 참으심과 자비와 긍휼을 외면했습니다.

> “혹 네가 하나님의 인자하심이 너를 인도하여 회개하게 하심을 알지 못하여 그의 인자하심과 용납하심과 길이 참으심의 풍성함을 멸시하느냐 다만 네 고집과 회개하지 아니한 마음을 따라 진노의 날 곧 하나님의 의로우신 심판이 나타나는 그 날에 임할 진노를 네게 쌓는도다”(롬 2:4~5)

그리스도인은 연약해도 언약 백성의 위치에서 살아야 합니다.

그러므로 성삼위 하나님의 은혜로 언약 백성의 위치에서 살아가며 하나님을 영화롭게 하는 우리 모두가 되기를 기도합니다.

사사기 5장 1절

"이 날에 드보라와 아비노암의 아들 바락이 노래하여 이르되"(개역개정판)

"그리고 드보라와 아비노암의 아들 바락이 그날에 노래하여 말하였다"(원문직역)

사사기 5장은 이스라엘 백성들이 가나안 왕 야빈을 전멸시킨 후 드보라와 바락이 승전을 기념하는 노래의 말씀입니다.

이스라엘 백성들에게 승리를 주신 하나님은?

첫째, "엘 샤다이"(전능하신 하나님) 입니다.

"여호와여 주께서 세일에서부터 나오시고 에돔 들에서부터 진행하실 때에 땅이 진동하고 하늘이 물을 내리고 구름도 물을 내렸나이다 산들이 여호와 앞에서 진동하니 저 시내 산도 이스라엘의 하나님 여호와 앞에서 진동하였도다"(삿 5:3~4)

둘째, "아도나이 닛시"(승리의 하나님) 입니다.

"여호와께서 나를 위하여 용사를 치시려고 내려오셨도다"(삿 5:13하)
"별들이 하늘에서부터 싸우되 그들이 다니는 길에서 시스라와 싸웠도다 기손 강은 그 무리를 표류시켰으니 이 기손 강은 옛 강이라"(삿 5:20~21하)

하나님 나라와 하나님의 의를 위하여 자원하는 마음으로 헌신하는 그리스도인들은 전능하시고 승리하시는 하나님을 경험하며 찬양하는 은혜를 받습니다.

"이스라엘의 영솔자들이 영솔하였고 백성이 즐거이 헌신하였으니 여호와를 찬송하라 너희 왕들아 들으라 통치자들아 귀를 기울이라 나 곧 내가 여호와를 노래할 것이요 이스라엘의 하나님 여호와를 찬송하리로다"(삿 5:2~3)

"에브라임에게서 나온 자들은 아말렉에 뿌리 박힌 자들이요 베냐민은 백성들 중에서 너를 따르는 자들이요 마길에게서는 명령하는 자들이 내려왔고 스불론에게서는 대장군의 지팡이를 잡은 자들이 내려왔도다 잇사갈의 방백들이 드보라와 함께 하니 잇사갈과 같이 바락도 그의 뒤를 따라 골짜기로 달려 내려가니"(삿 5:14~15하)

"스불론은 죽음을 무릅쓰고 목숨을 아끼지 아니한 백성이요 납달리도 들의 높은 곳에서 그러하도다"(삿 5:18)

"겐 사람 헤벨의 아내 야엘은 다른 여인들보다 복을 받을 것이니 장막에 있는 여인들보다 더욱 복을 받을 것이로다"(삿 5:24)

하나님 나라와 하나님의 의를 위하여 자원하지 않는 마음으로 방관하고 헌신하지 않는 그리스도인들은?

첫째, 책망의 대상입니다.

"르우벤 시냇가에서 큰 결심이 있었도다 네가 양의 우리 가운데에 앉아서 목자의 피리 부는 소리를 들음은 어찌 됨이냐 르우벤 시냇가에서 큰 결심이 있었도다 길르앗은 요단 강 저쪽에 거주하며 단은 배에 머무름이 어찌 됨이냐 아셀은 해변에 앉으며 자기 항만에 거주하도다"(삿 5:15하~17)

둘째, 진노의 대상입니다.

"여호와의 사자의 말씀에 메로스를 저주하라 너희가 거듭거듭 그 주민들을 저주할 것은 그들이 와서 여호와를 돕지 아니하며 여호와를 도와 용사를 치지 아니함이니라 하시도다"(삿 5:23)

그리스도인은 하나님 나라와 하나님의 의를 위한 헌신과 섬김 속에 삼위

일체 하나님과 예수 그리스도를 날마다 알아가고 닮아가고 사랑하는 사람들입니다.

> "여호와여 주의 원수들은 다 이와 같이 망하게 하시고 주를 사랑하는 자들은 해가 힘 있게 돋음 같게 하시옵소서 하니라 그 땅이 사십 년 동안 평온하였더라"(삿 5:31)

그러므로 성삼위 하나님의 은혜로 하나님 나라와 하나님의 의를 위한 헌신과 섬김 속에 살아가며 하나님을 영화롭게 하는 우리 모두가 되기를 기도합니다.

사사기 6장 24절

"기드온이 여호와를 위하여 거기서 제단을 쌓고 그것을 여호와 살롬이라 하였더라 그것이 오늘까지 아비에셀 사람에게 속한 오브라에 있더라"(개역개정판)

"그리고 기드온이 거기에 여호와를 위한 제단을 세웠다. 그리고 그것을 여호와 샬롬이리고 불렀다. 오늘날까지 그것은 아직도 아비에셀의 오브라에 있다"(원문직역)

사사기 6장은 미디안 압제에서 이스라엘을 구원할 자로 세움 받는 기드온에 대한 말씀입니다.

미디안 압제에서 쓰임 받는 기드온은?

첫째, 하나님 은혜로 준비되어 있는 사람이었습니다.(삿 6:11~13)

"여호와의 사자가 아비에셀 사람 요아스에게 속한 오브라에 이르러 상수리나무 아래에 앉으니라 마침 요아스의 아들 기드온이 미디안 사람에게 알리지 아니하려 하여 밀을 포도주 틀에서 타작하더니 여호와의 사자가 기드온에게 나타나 이르되 큰 용사여 여호와께서 너와 함께 계시도다 하매"(삿 6:11~12)

둘째, 소명 받은 사람이었습니다.

"여호와께서 그를 향하여 이르시되 너는 가서 이 너의 힘으로 이스라엘을 미디안의 손에서 구원하라 내가 너를 보낸 것이 아니냐 하시니라"(삿 6:14)

셋째, 겸손한 사람이었습니다.

"그러나 기드온이 그에게 대답하되 오 주여 내가 무엇으로 이스라엘을 구원하리이까 보소서 나의 집은 므낫세 중에 극히 약하고 나는 내 아버지 집에서 가장 작은 자니이다 하니"(삿 6:15)

넷째, 하나님과 동행하는 은총을 받은 사람이었습니다.

"여호와께서 그에게 이르시되 내가 반드시 너와 함께 하리니 네가 미디안 사람 치기를 한 사람을 치듯 하리라 하시니라"(삿 6:16)

다섯째, 평강의 은총을 받은 사람이었습니다.(삿 6:17~24)

"기드온이 여호와를 위하여 거기서 제단을 쌓고 그것을 여호와 살롬이라 하였더라 그것이 오늘까지 아비에셀 사람에게 속한 오브라에 있더라"(삿 6:24)

여섯째, 하나님 말씀에 순종하는 사람이었습니다.(삿 6:25~30)

"그 날 밤에 여호와께서 기드온에게 이르시되 네 아버지에게 있는 수소 곧 칠 년 된 둘째 수소를 끌어 오고 네 아버지에게 있는 바알의 제단을 헐며 그 곁의 아세라 상을 찍고 또 이 산성 꼭대기에 네 하나님 여호와를 위하여 규례대로 한 제단을 쌓고 그 둘째 수소를 잡아 네가 찍은 아세라 나무로 번제를 드릴지니라 하시니라 이에 기드온이 종 열 사람을 데리고 여호와께서 그에게 말씀하신 대로 행하되 그의 아버지의 가문과 그 성읍 사람들을 두려워하므로 이 일을 감히 낮에 행하지 못하고 밤에 행하니라"(삿 6:25~27)

일곱째, 성령님의 능력과 권위를 덧입은 사람이었습니다.

"여호와의 영이 기드온에게 임하시니 기드온이 나팔을 불매 아비에셀이 그의 뒤를 따라 부름을 받으니라 기드온이 또 사자들을 온 므낫세에 두루 보내매 그들도 모여서 그를 따르고 또 사자들을 아셀과 스불론과 납달리에 보내매 그 무리도 올라와 그를 영접하더라"(삿 6:34~35)

여덟째, 영적 합리성과 확신을 소유한 사람이었습니다.(삿 6:36~40)

"그 밤에 하나님이 그대로 행하시니 곧 양털만 마르고 그 주변 땅에는 다 이슬이 있었더라"(삿 6:40)

하나님께서 쓰시는 사람은 하나님 은혜로 만들어 집니다.

그러므로 성삼위 하나님의 은혜로 쓰실만한 사람으로 만들어지며 하나님을 영화롭게 하는 우리 모두가 되기를 기도합니다.

사사기 7장 1절

"여룹바알이라 하는 기드온과 그를 따르는 모든 백성이 일찍이 일어나 하롯 샘 곁에 진을 쳤고 미디안의 진영은 그들의 북쪽이요 모레 산 앞 골짜기에 있었더라"(개역개정판)

"그리고 그가 기드온이라 하는 여룹바알과 그와 함께 있는 모든 그 백성이 일찍 일어났다. 그리고 그들은 하롯의 샘물가에 진을 쳤다. 그리고 미디안의 진은 그들의 북쪽에 그 모레의 언덕으로부터 골짜기에 있었다"(원문직역)

사사기 7장은 미디안과 그 연합군 135,000명을 기드온과 300명의 용사들이 무찌르는 내용의 말씀입니다.

하나님 나라 영적 전쟁은?

첫째, 사람들의 숫자와 세력으로 하는 전쟁이 아닙니다.(삿 7:1~9)

"여호와께서 기드온에게 이르시되 너를 따르는 백성이 너무 많은즉 내가 그들의 손에 미디안 사람을 넘겨 주지 아니하리니 이는 이스라엘이 나를 거슬러 스스로 자랑하기를 내 손이 나를 구원하였다 할까 함이니라 이제 너는 백성의 귀에 외쳐 이르기를 누구든지 두려워 떠는 자는 길르앗 산을 떠나 돌아가라 하라 하시니 이에 돌아간 백성이 이만 이천 명이요 남은 자가 만 명이었더라 여호와께서 또 기드온에게 이르시되 백성이 아직도 많으니 그들을 인도하여 물 가로 내려가라 거기서 내가 너를 위하여 그들을 시험하리라 내가 누구를 가리켜 네게 이르기를 이 사람이 너와 함께 가리라 하면 그는 너와 함께 갈 것이요 내가 누구를 가리켜 네게 이르기를 이 사람은 너와 함께 가지 말 것이니라 하면 그는 가지 말 것이니라 하신지라 이에 백성을 인도하여 물 가에 내려가매 여호와께서 기드온에게 이르시되 누구든지 개가 핥는 것 같이 혀로 물을 핥는 자들을 너는 따로 세우고 또 누구든지 무릎을 꿇고 마시는 자들도 그와 같이 하라 하시더니 손으로 움켜 입에 대고 핥는 자의 수는 삼백 명이요 그 외의 백성은 다 무릎을 꿇고 물을 마신지라 여호와께서 기드온에게 이르시되 내가 이 물을 핥아 먹은 삼백 명으로 너희를 구원하며 미디안을 네 손에 넘겨 주리니 남은 백성은 각각 자기의 처소로 돌아갈 것이니라 하시니 이에 백성이 양식과 나팔을 손에 든지라 기드온이 이스라엘 모든 백성을 각각 그의 장막으로 돌려보내고 그 삼백 명은 머물게 하니라 미디안 진영은 그 아래 골짜기 가운데에 있었더라"(삿 7:2~8)

둘째, 하나님의 결정 된 뜻대로 하는 전쟁입니다.

"그 밤에 여호와께서 기드온에게 이르시되 일어나 진영으로 내려가라 내가 그것을 네 손에 넘겨 주었느니라"(삿 7:9)

셋째, 믿음으로 하는 전쟁입니다.(삿 7:10~15)

"기드온이 그 곳에 이른즉 어떤 사람이 그의 친구에게 꿈을 말하여 이르기를 보라 내가 한 꿈을 꾸었는데 꿈에 보리떡 한 덩어리가 미디안 진영으로 굴러 들어와 한 장막에 이르러 그것을 쳐서 무너뜨려 위쪽으로 엎으니 그 장막이 쓰러지더라 그의 친구가 대답하여 이르되 이는 다른 것이 아니라 이스라엘 사람 요아스의 아들 기드온의 칼이라 하나님이 미디안과 그 모든 진영을 그의 손에 넘겨 주셨느니라 하더라 기드온이 그 꿈과 해몽하는 말을 듣고 경배하며 이스라엘 진영으로 돌아와 이르되 일어나라 여호와께서 미디안과 그 모든 진영을 너희 손에 넘겨 주셨느니라하고"(삿 7:13~15)

넷째, 하나님께서 세우신 질서에 순종하며 치루는 전쟁입니다.(삿 7:16~25)

"삼백 명을 세 대로 나누어 각 손에 나팔과 빈 항아리를 들리고 항아리 안에는 횃불을 감추게 하고 그들에게 이르되 너희는 나만 보고 내가 하는 대로 하되 내가 그 진영 근처에 이르러서 내가 하는 대로 너희도 그리하여 나와 나를 따르는 자가 다 나팔을 불거든 너희도 모든 진영 주위에서 나팔을 불며 이르기를 여호와를 위하라, 기드온을 위하라 하라 하니라"(삿 7:16~18)

영적 전쟁은 하나님 나라 왕이시고 교회 머리이시며 세상과 역사의 중심이신 예수 그리스도께서 하나님의 영광을 위하여 항상 승리하는 전쟁입니다.

그리스도인들은 하나님 나라와 하나님의 의를 위하여 신령한 군사로 자원하는 마음으로 참여되는 전투입니다.

> "그러나 에바브로디도를 너희에게 보내는 것이 필요한 줄로 생각하노니 그는 나의 형제요 함께 수고하고 함께 군사 된 자요 너희 사자로 내가 쓸 것을 돕는 자라"(빌 2:25)

그러므로 성삼위 하나님의 은혜로 자원하는 마음으로 영적 전쟁에 참여하며 하나님을 영화롭게 하는 우리 모두가 되기를 기도합니다.

사사기 8장 1절

"에브라임 사람들이 기드온에게 이르되 네가 미디안과 싸우러 갈 때에 우리를 부르지 아니하였으니 우리를 이같이 대접함은 어찌 됨이냐 하고 그와 크게 다투는지라"(개역개정판)

"그리고 에브라임 사람들이 그에게 말했다. 당신이 우리에게 행한 이것이 무엇이냐? 당신이 미디안과 싸우려고 나아갈 때에 우리를 부르지 않았는가? 그리고 그들이 그와 심하게 다투었다"(원문직역)

사사기 8장은 기드온과 이스라엘 백성들이 하나님 은혜로 미디안을 완전히 섬멸하고 40년 동안 평안을 누리다 다시 타락하는 말씀입니다.

진정한 그리스도인은?

첫째, 온유한 사람입니다.

"에브라임 사람들이 기드온에게 이르되 네가 미디안과 싸우러 갈 때에 우리를 부르지 아니하였으니 우리를 이같이 대접함은 어찌 됨이냐 하고 그와 크게 다투는지라 기드온이 그들에게 이르되 내가 이제 행한 일이 너희가 한 것에 비교되겠느냐 에브라임의 끝물 포도가 아비에셀의 맏물 포도보다 낫지 아니하냐 하나님이 미디안의 방백 오렙과 스엡을 너희 손에 넘겨 주셨으니 내가 한 일이 어찌 능히 너희가 한 것에 비교되겠느냐 하니라 기드온이 이 말을 하매 그 때에 그들의 노여움이 풀리니라"(삿 8:1~3)

둘째, 헌신과 섬김의 사람입니다.(삿 8:4~17)

"그가 숙곳 사람들에게 이르되 나를 따르는 백성이 피곤하니 청하건대 그들에게 떡덩이를 주라 나는 미디안의 왕들인 세바와 살문나의 뒤를 추격하고 있노라 하니 숙곳의 방백들이 이르되 세바와 살문나의 손이 지금 네 손 안에 있다는거냐 어찌 우리가 네 군대에게 떡을 주겠느냐 하는지라 기드온이 이르되 그러면 여호와께서 세바와 살문나를 내 손에 넘겨 주신 후에 내가 들가시와 찔레로 너희 살을 찢으리라 하고 거기서 브누엘로 올라가서 그들에게도 그같이 구한즉 브누엘 사람들의 대답도 숙곳 사람들의 대답과 같은지라 기드온이 또 브누엘 사람들에게 말하여 이르되 내가 평안히 돌아올 때에 이 망대를 헐리라 하니라"(삿 8:5~9)

셋째, 공의로운 사람입니다.(삿 8:18~21)

"이에 그가 세바와 살문나에게 말하되 너희가 다볼에서 죽인 자들은 어떠한 사람들이더냐 하니 대답하되 그들이 너와 같아서 하나 같이 왕자들의 모습과 같더라 하니라 그가 이르되 그들은 내 형제들이며 내 어머니의 아들들이니라 여호와께서 살아 계심을 두고 맹세하노니 너희가 만일 그들을 살렸더라면 나도 너희를 죽이지 아니하였으리라 하고"(삿 8:18~19)

넷째, 하나님께 영광돌리며 믿음의 분수를 지키는 사람입니다.

"그 때에 이스라엘 사람들이 기드온에게 이르되 당신이 우리를 미디안의 손에서 구원하셨으니 당신과 당신의 아들과 당신의 손자가 우리를 다스리소서 하는지라 기드온이 그들에게 이르되 내가 너희를 다스리지 아니하겠고 나의 아들도 너희를 다스리지 아니할 것이요 여호와께서 너희를 다스리시리라 하니라"(삿 8:22~23)

다섯째, 교회법에 순종하는 사람입니다.(삿 8:24~27)

"기드온이 그 금으로 에봇 하나를 만들어 자기의 성읍 오브라에 두었더니 온 이스라엘이 그것을 음란하게 위하므로 그것이 기드온과 그의 집에 올무가 되니라"(삿 8:27)

여섯째, 가정의 순결을 지키는 사람입니다.(삿 8:28~32)

"기드온이 아내가 많으므로 그의 몸에서 낳은 아들이 칠십 명이었고 세겜에 있는 그의 첩도 아들을 낳았으므로 그 이름을 아비멜렉이라 하였더라"(삿 8:30~31)

일곱째, 끝까지 언약 백성 위치에서 하나님만 받들어 섬기는 사람입니다.

> "기드온이 이미 죽으매 이스라엘 자손이 돌아서서 바알들을 따라가 음행하였으며 또 바알브릿을 자기들의 신으로 삼고 이스라엘 자손이 주위의 모든 원수들의 손에서 자기들을 건져내신 여호와 자기들의 하나님을 기억하지 아니하며 또 여룹바알이라 하는 기드온이 이스라엘에 베푼 모든 은혜를 따라 그의 집을 후대하지도 아니하였더라"(삿 8:33~34)

진정한 그리스도인은 하나님 은혜로 만들어 집니다.

그러므로 성삼위 하나님의 은혜로 진정한 그리스도인이 되어 하나님을 영화롭게 하는 우리 모두가 되기를 기도합니다.

사사기 9장 1절

"여룹바알의 아들 아비멜렉이 세겜에 가서 그의 어머니의 형제에게 이르러 그들과 그의 외조부의 집의 온 가족에게 말하여 이르되"(개역개정판)

"그리고 아비멜렉이 세겜 그의 어머니의 형제들에게 갔다. 그리고 그가 그들과 그리고 그 어머니의 아버지의 집의 모든 사람들에게 말했다. 말하기를"(원문직역)

사사기 9장은 아비멜렉의 야심과 모반과 내란으로 인한 고통과 멸망에 대한 말씀입니다.

아비멜렉은 하나님의 주권과 교회법을 무시하고 자신의 야망을 이루기 위해 세겜 사람들을 선동하고 이복 형제 70명을 죽이고 스스로 왕이 되었습니다.

> "여룹바알의 아들 아비멜렉이 세겜에 가서 그의 어머니의 형제에게 이르러 그들과 그의 외조부의 집의 온 가족에게 말하여 이르되 청하노니 너희는 세겜의 모든 사람들의 귀에 말하라 여룹바알의 아들 칠십 명이 다 너희를 다스림과 한 사람이 너희를 다스림이 어느 것이 너희에게 나으냐 또 나는 너희와 골육임을 기억하라 하니 그의 어머니의 형제들이 그를 위하여 이 모든 말을 세겜의 모든 사람들의 귀에 말하매 그들의 마음이 아비멜렉에게로 기울어서 이르기를 그는 우리 형제라 하고 바알브릿 신전에서 은 칠십 개를 내어 그에게 주매 아비멜렉이 그것으로 방탕하고 경박한 사람들을 사서 자기를 따르게 하고 오브라에 있는 그의 아버지의 집으로 가서 여룹바알의 아들 곧 자기 형제 칠십 명을 한 바위 위에서 죽였으되 다만 여룹바알의 막내 아들 요담은 스스로 숨었으므로 남으니라 세겜의 모든 사람과 밀로 모든 족속이 모여서 세겜에 있는 상수리나무 기둥 곁에서 아비멜렉을 왕으로 삼으니라"(삿 9:1~6)

하나님께서는 하나님의 주권과 교회법을 무시하는 사람들을 반드시 심판하십니다.

> "아비멜렉이 이스라엘을 다스린 지 삼 년에 하나님이 아비멜렉과 세겜 사람들 사이에 악한 영을 보내시매 세겜 사람들이 아비멜렉을 배반하였으니 이는 여룹바알의 아들 칠십 명에게 저지른 포학한 일을 갚되 그들을 죽여 피 흘린 죄를 그들의 형제 아비멜렉과 아비멜렉의 손을 도와 그의 형제들을 죽이게 한 세겜 사람들에게로 돌아가게 하심이라"(삿 9:22~24)
>
> "에벳의 아들 가알이 이르되 아비멜렉은 누구며 세겜은 누구기에 우리가 아비멜렉을 섬기리요 그가 여룹바알의 아들이 아니냐 그의 신복은 스불이 아니냐 차라리 세겜의 아버지 하몰의 후손을 섬길 것이라 우리가 어찌 아비멜렉을 섬기리요 이 백성이 내 수하에 있었더라면 내가 아비멜렉을 제거하였으리라 하고 아비멜렉에게 이르되 네 군대를 증원해서 나오라 하니라"(삿 9:28~29)
>
> "모든 백성들도 각각 나뭇가지를 찍어서 아비멜렉을 따라 보루 위에 놓고 그것들이 얹혀 있는 보루에 불을 놓으매 세겜 망대에 있는 사람들이 다 죽었으니 남녀가 약 천 명이었더라"(삿 9:49)
>
> "아비멜렉이 망대 앞에 이르러 공격하며 망대의 문에 가까이 나아가서 그것을 불사르려 하더니 한 여인이 맷돌 위짝을 아비멜렉의 머리 위에 내려 던져 그의 두개골을 깨뜨리니 아비멜렉이 자기의 무기를 든 청년을 급히 불러 그에게 이르되 너는 칼을 빼어 나를 죽이라 사람들이 나를 가리켜 이르기를 여자가 그를 죽였다 할까 하노라 하니 그 청년이 그를 찌르매 그가 죽은지라"(삿 9:52~54)

하나님은 하나님의 주권과 교회법을 무시하고 무죄한 자들을 죽인 아비멜렉과 세겜 사람들을 심판하셨습니다.

> "아비멜렉이 그의 형제 칠십 명을 죽여 자기 아버지에게 행한 악행을 하나님이 이같이 갚으셨고 또 세겜 사람들의 모든 악행을 하나님이 그들의 머리에 갚으셨으니 여룹바알의 아들 요담의 저주가 그들에게 응하니라"(삿 9:56~57)

그러므로 성삼위 하나님의 은혜로 하나님의 주권과 교회법을 소중히 여기며 하나님을 영화롭게 하는 우리 모두가 되기를 기도합니다.

사사기 10장 6절

"이스라엘 자손이 다시 여호와의 목전에 악을 행하여 바알들과 아스다롯과 아람의 신들과 시돈의 신들과 모압의 신들과 암몬 자손의 신들과 블레셋 사람들의 신들을 섬기고 여호와를 버리고 그를 섬기지 아니하므로"(개역개정판)

"그리고 이스라엘 아들들이 여호와의 눈 앞에 그 악한 일 행하기를 계속했다. 그리고 그 바알들과 그 아스다롯과 그리고 아람의 신들과 시돈의 신들과 모압의 신들과 암몬 아들들의 신들과 블레셋 사람들의 신들을 섬겼다. 그리고 그들은 여호와를 버렸다. 그리고 그들은 그를 섬기지 않았다"(원문직역)

사사기 10장은 이스라엘 백성들의 반복적으로 계속되는 총체적 우상 숭배를 가르치고 있습니다.

하나님께서는 반복적으로 범죄하는 그리스도인들에게?

첫째, 진노하십니다.

"여호와께서 이스라엘에게 진노하사"(삿 10:7상)

"이스라엘 자손이 여호와께 부르짖어 이르되 우리가 우리 하나님을 버리고 바알들을 섬김으로 주께 범죄하였나이다 하니 여호와께서 이스라엘 자손에게 이르시되 내가 애굽 사람과 아모리 사람과 암몬 자손과 블레셋 사람에게서 너희를 구원하지 아니하였느냐 또 시돈 사람과 아말렉 사람과 마온 사람이 너희를 압제할 때에 너희가 내게 부르짖으므로 내가 너희를 그들의 손에서 구원하였거늘 너희가 나를 버리고 다른 신들을 섬기니 그러므로 내가 다시는 너희를 구원하지 아니하리라 가서 너희가 택한 신들에게 부르짖어 너희의 환난 때에 그들이 너희를 구원하게

하라 하신지라"(삿 10:10~14)

둘째, 징계하십니다.

"블레셋 사람들의 손과 암몬 자손의 손에 그들을 파시매 그 해에 그들이 요단 강 저쪽 길르앗에 있는 아모리 족속의 땅에 있는 모든 이스라엘 자손을 쳤으며 열여덟 해 동안 억압하였더라 암몬 자손이 또 요단을 건너서 유다와 베냐민과 에브라임 족속과 싸우므로 이스라엘의 곤고가 심하였더라"(삿 10:7하~9)

셋째, 견인의 은총으로 긍휼을 베푸십니다.

"이스라엘 자손이 여호와께 여쭈되 우리가 범죄하였사오니 주께서 보시기에 좋은 대로 우리에게 행하시려니와 오직 주께 구하옵나니 오늘 우리를 건져내옵소서 하고 자기 가운데에서 이방 신들을 제하여 버리고 여호와를 섬기매 여호와께서 이스라엘의 곤고로 말미암아 마음에 근심하시니라"(삿 10:15~16)

스스로 낮아지셔서 은혜 언약을 맺으시고 생명 얻는 회개의 은총을 주시는 하나님은 그리스도인들이 진정으로 회개하고 회개의 열매를 맺으면 긍휼을 베푸십니다.

하나님께서는 이스라엘 백성들에게 긍휼의 은총을 베푸시기 위하여 사사 입다를 준비 시켰습니다.

"길르앗 사람 입다는 큰 용사였으니 기생이 길르앗에게서 낳은 아들이었고"(삿 11:1)

유기된 자들은 반복적 범죄로 소멸되고 남은 자들은 생명 얻는 회개의 은총으로 깍여 나아가며 하나님의 사람으로 만들어져 갑니다.

그러므로 성삼위 하나님의 은혜로 언약 백성의 위치에서 살아가며 하나님을 영화롭게 하는 우리 모두가 되기를 기도합니다.

사사기 11장 1절

"길르앗 사람 입다는 큰 용사였으니 기생이 길르앗에게서 낳은 아들이었고"(개역개정판)

"그리고 그 길르앗 사람 입다는 강한 용사였다. 그리고 그는 매춘부의 아들이었다. 그리고 길르앗이 입다를 낳게했다"(원문직역)

사사기 11장은 하나님께서 입다를 가지시고 암몬으로부터 이스라엘을 구원하는 내용의 말씀입니다.

입다는 출신 성분과 배경이 연약한 인물입니다.

그러나 입다는?

첫째, 하나님께 쓰임받기 위해 연단 받고 준비된 사람이었습니다.(삿 11:1~11)

"길르앗 사람 큰 용사 입다는 기생이 길르앗에게 낳은 아들이었고 길르앗의 아내도 아들들을 낳았더라 아내의 아들들이 자라매 입다를 쫓아내며 그에게 이르되 너는 다른 여인의 자식이니 우리 아버지 집 기업을 잇지 못하리라 한지라 이에 입다가 그 형제를 피하여 돕 땅에 거하매 잡류가 그에게로 모여와서 그와 함께 출입하였더라"(삿 11:1~3)

둘째, 하나님 나라 역사에 대한 명확한 지식이 있는 사람이었습니다.(삿 11:12~26)

"이스라엘 하나님 여호와께서 이같이 아모리 사람을 자기 백성 이스라엘 앞에서 쫓아내셨거늘 네가 그 땅을 얻고자 하는 것이 가하냐 네 신 그모스가 네게 주어 얻게 한 땅을 네가 얻지 않겠느냐 우리 하나님 여호와께서 우리 앞에서 어떤 사람이든지 쫓아내시면 그 땅을 우리가 얻으리라 이제 네가 모압 왕 십볼의 아들 발락보다 나은 것이 있느냐 그가 이스라엘로 더불어 다툰 일이 있었느냐 싸운 일이 있었느냐 이스라엘이 헤스본과 그 향촌들과 아로엘과 그 향촌들과 아르논 연안에 있는 모든 성읍에 거한지 삼백 년이어늘 그 동안 너희가 어찌하여 도로 찾지 아니하였느냐"(삿 11:23~26)

셋째, "아도나이 쇼파트"(판단하고 다스리는 하나님)에 대한 지식이 있는 사람이었습니다.

"내가 네게 죄를 짓지 아니하였거늘 네가 나를 쳐서 내게 악을 행하고자 하는도다 원컨대 심판하시는 여호와는 오늘날 이스라엘 자손과 암몬 자손의 사이에 판결하시옵소서 하나"(삿 11:27)

넷째, 하나님께 자신을 드리는 사람이었습니다.(삿 11:31~40)

"그가 여호와께 서원하여 가로되 주께서 과연 암몬 자손을 내게 붙이시면 내가 암몬 자손에게서 평안히 돌아올 때에 누구든지 내 집 문에서 나와서 나를 영접하는 그는 여호와께 돌릴 것이니 내가 그를 번제로 드리겠나이다 하니라"(삿 11:30~31)

하나님은 당신의 영광을 위해 연약하고 나약한 우리들을 쓰실만한 사람으로 빚으셔서 영광 받으시는 분입니다.

"형제들아 너희를 부르심을 보라 육체를 따라 지혜 있는 자가 많지 아니하며 능한 자가 많지 아니하며 문벌 좋은 자가 많지 아니하도다 그러나 하나님께서 세상의 미련한 것들을 택하사 지혜 있는 자들을 부끄럽게 하려 하시고 세상의 약한 것들을 택하사 강한 것들을 부끄럽게 하려 하시며 하나님께서 세상의 천한 것들과 멸시 받는 것들과 없는 것들을 택하사 있는 것들을 폐하려 하시나니 이는 아무 육체라도 하나님 앞에서 자랑하지 못하게 하려 하심이라"(고전 1:26~29)

그러므로 성삼위 하나님의 은혜로 의의 병기로 빚어져 하나님을 영화롭게 하는 우리 모두가 되기를 기도합니다.

사사기 12장 2절

"입다가 그들에게 이르되 나와 내 백성이 암몬 자손과 크게 싸울 때에 내가 너희를 부르되 너희가 나를 그들의 손에서 구원하지 아니한 고로"(개역개정판)

"그리고 입다가 그들에게 말했다. 나와 내 백성이 암몬 자손과 크게 다툴 때 그때 내가 너희를 불렀다. 그러나 너희가 그들의 손으로부터 나를 구원하지 않았다"(원문 직역)

사사기 12장은 에브라임 지파의 시기와 질투로 인한 내전과 입다 이후 3명의 사사들에 대하여 기록하고 있습니다.

예수 그리스도의 몸 된 교회를 받들어 섬기고 세워나가는 그리스도인들은?

첫째, 더불어 함께 지어져가는 지체들과 화목하는 사람들입니다.

"에브라임 사람들이 모여 북쪽으로 가서 입다에게 이르되 네가 암몬 자손과 싸우러 건너갈 때에 어찌하여 우리를 불러 너와 함께 가게 하지 아니하였느냐 우리가 반드시 너와 네 집을 불사르리라 하니 입다가 그들에게 이르되 나와 내 백성이 암몬 자손과 크게 싸울 때에 내가 너희를 부르되 너희가 나를 그들의 손에서 구원하지 아니한 고로 나는 너희가 도와 주지 아니하는 것을 보고 내 목숨을 돌보지 아니하고 건너가서 암몬 자손을 쳤더니 여호와께서 그들을 내 손에 넘겨 주셨거늘 너희가 어찌하여 오늘 내게 올라와서 나와 더불어 싸우고자 하느냐 하니라 입다가 길르앗 사람을 다 모으고 에브라임과 싸웠으며 길르앗 사람들이 에브라임을 쳐서 무찔렀으니 이는 에브라임의 말이 너희 길르앗 사람은 본래 에브라임에서 도망한 자로서 에브라임과 므낫세 중에 있다 하였음이라 길르앗 사람이 에브라임 사람보다 앞서 요단 강 나루턱을 장악하고 에브라임 사람의 도망하는 자가 말하기를 청하건대 나를 건너가게 하라 하면 길르앗 사람이 그에게 묻기를 네가 에브라임 사람이냐 하여 그가 만일 아니라 하면 그에게 이르기를 쉽볼렛이라 발음하라 하여 에브라임 사람이 그렇게 바로 말하지 못하고 십볼렛이라 발음하면 길르앗 사람이 곧 그를 잡아서 요단 강 나루턱에서 죽였더라 그 때에 에브라임 사람의 죽은 자가사만 이천 명이었더라"(삿 12:1~6)

둘째, 지도자들은 특별히 거룩의 위치에서 분수에 넘치는 개인적 부와 명예와 권세와 영광을 누리는 사람들이 아닙니다.

"그 뒤를 이어 베들레헴의 입산이 이스라엘의 사사가 되었더라 그가 아들 삼십 명과 딸 삼십 명을 두었더니 그가 딸들을 밖으로 시집 보냈고 아들들을 위하여는 밖에서 여자 삼십 명을 데려왔더라 그가 이스라엘의 사사가 된 지 칠 년이라"(삿 12:8~9)

"그 뒤를 이어 비라돈 사람 힐렐의 아들 압돈이 이스라엘의 사사가 되었더라 그에게 아들 사십 명과 손자 삼십 명이 있어 어린 나귀 칠십 마리를 탔더라 압돈이 이스라엘의 사사가 된 지 팔 년이라"(삿 12:13~14)

그리스도인은 하나님 나라와 의를 위해 살며 더불어 함께 지어져가는 지체들과 화목하는 사람들입니다.

"모든 사람과 더불어 화평함과 거룩함을 따르라 이것이 없이는 아무도 주를 보지 못하리라"(히 12:14)

그러므로 성삼위 하나님의 은혜로 더불어 함께 지어져가는 지체들과 화목하며 하나님을 영화롭게 하는 우리 모두가 되기를 기도합니다.

사사기 13장 24절

"그 여인이 아들을 낳으매 그의 이름을 삼손이라 하니라 그 아이가 자라매 여호와께서 그에게 복을 주시더니"(개역개정판)

"그리고 그 여인이 아들을 낳았다. 그리고 그녀가 그의 이름을 삼손이라 불렀다. 그리고 그 아이가 자랐다. 그리고 여호와께서 그에게 복을 주셨다"(원문직역)

사사기 13장은 하나님께서는 하나님의 존전 앞에서 악을 계속 행하는 이스라엘 백성들을 징계하기 위해 블레셋 사람들에게 40년 동안 압제 받게 하시고 이스라엘 백성들을 구원하시기 위해 삼손의 출생을 기록하고 있습니다.

블레셋 압제에서 이스라엘을 구원하는데 쓰임받는 삼손은?

첫째, 예수 그리스도의 탄생을 예표하는 사람이었습니다.

"이스라엘 자손이 다시 여호와의 목전에 악을 행하였으므로 여호와께서 그들을 사십 년 동안 블레셋 사람의 손에 넘겨 주시니라 소라 땅에 단 지파의 가족 중에 마노아라 이름하는 자가 있더라 그의 아내가 임신하지 못하므로 출산하지 못하더니 여호와의 사자가 그 여인에게 나타나서 그에게 이르시되 보라 네가 본래 임신하지 못하므로 출산하지 못하였으나 이제 임신하여 아들을 낳으리니"(삿 13:1~3)

"천사가 대답하여 이르되 성령이 네게 임하시고 지극히 높으신 이의 능력이 너를 덮으시리니 이러므로 나실 바 거룩한 자는 하나님의 아들이라 일컬어 지리라"(눅 1:35)

둘째, 하나님께 드려진 나실인이었습니다.(삿 13:4~7)

"그러므로 너는 삼가 포도주와 독주를 마시지 말며 어떤 부정한 것도 먹지 말지니라 보라 네가 임신하여 아들을 낳으리니 그의 머리 위에 삭도를 대지 말라 이 아이는 태에서 나옴으로부터 하나님께 바쳐진 나실인이 됨이라 그가 블레셋 사람의 손에서 이스라엘을 구원하기 시작하리라 하시니"(삿 13:4~5)

셋째, 항존의 메시야인 예수 그리스도께서 나실인의 삶을 살도록 가르친 사람이었습니다.(삿 13:8~23)

"여호와의 사자가 그에게 이르되 어찌하여 내 이름을 묻느냐 내 이름은 기묘자라 하니라 이에 마노아가 염소 새끼와 소제물을 가져다가 바위 위에서 여호와께 드리매 이적이 일어난지라 마노아와 그의 아내가 본즉 불꽃이 제단에서부터 하늘로 올라가는 동시에 여호와의 사자가 제단 불꽃에 휩싸여 올라간지라 마노아와 그의 아내가 그것을 보고 그들의 얼굴을 땅에 대고 엎드리니라"(삿 13:18~20)

"이는 한 아기가 우리에게 났고 한 아들을 우리에게 주신 바 되었는데 그의 어깨에는 정사를 메었고 그의 이름은 기묘자라, 모사라, 전능하신 하나님이라, 영존하시는 아버지라, 평강의 왕이라 할 것임이라"(사 9:6)

넷째, 하나님께 복받은 사람이었습니다.

"그 여인이 아들을 낳으매 그의 이름을 삼손이라 하니라 그 아이가 자라매 여호와께서 그에게 복을 주시더니"(삿 13:24)

다섯째, 성령님의 감동을 받은 사람이었습니다.

"소라와 에스다올 사이 마하네단에서 여호와의 영이 그를 움직이기 시작하셨더라"(삿 13:25)

모든 그리스도인들은 하나님 영광을 위하여 예수 그리스도의 품 안에서 나실인으로 하나님께 드려진 사람들입니다.

"여호와의 사자가 마노아에게 이르되 내가 여인에게 말한 것들을 그가 다 삼가서 포도나무의 소산을 먹지 말며 포도주와 독주를 마시지 말며 어떤 부정한 것도 먹지 말고 내가 그에게 명령한 것은 다 지킬 것이니라 하니라"(삿 13:13~14)
"내가 그리스도와 함께 십자가에 못 박혔나니 그런즉 이제는 내가 사는 것이 아니요 오직 내 안에 그리스도께서 사시는 것이라 이제 내가 육체 가운데 사는 것은 나를 사랑하사 나를 위하여 자기 자신을 버리신 하나님의 아들을 믿는 믿음 안에서 사는 것이라"(갈 2:20)

나실인의 삶은 예수 그리스도를 자신의 주인으로 모시고 세상을 사랑하지 않고 죄를 멀리하는 삶입니다.

그러므로 성삼위 하나님의 은혜로 나실인의 삶을 살아가며 하나님을 영화롭게 하는 우리 모두가 되기를 기도합니다

사사기 14장 1절

"삼손이 딤나에 내려가서 거기서 블레셋 사람의 딸들 중에서 한 여자를 보고"(개역개정판)

"그리고 삼손이 딤나로 내려갔다. 그리고 그는 딤나에서 블레셋 사람들의 딸 중에서 한 여자를 보았다"(원문 직역)

사사기 14장은 삼손의 블레셋 여인과의 결혼 예식과 실패에 대한 말씀입니다.

삼손은?

첫째, 하나님 말씀을 어겼습니다.

"삼손이 딤나에 내려가서 거기서 블레셋 사람의 딸들 중에서 한 여자를 보고 올라와서 자기 부모에게 말하여 이르되 내가 딤나에서 블레셋 사람의 딸들 중에서 한 여자를 보았사오니 이제 그를 맞이하여 내 아내로 삼게 하소서 하매 그의 부모가 그에게 이르되 네 형제들의 딸들 중에나 내 백성 중에 어찌 여자가 없어서 네가 할례 받지 아니한 블레셋 사람에게 가서 아내를 맞으려 하느냐 하니 삼손이 그의 아버지에게 이르되 내가 그 여자를 좋아하오니 나를 위하여 그 여자를 데려오소서 하니라"(삿 14:1~3)

"너는 삼가 그 땅의 주민과 언약을 세우지 말지니 이는 그들이 모든 신을 음란하게 섬기며 그들의 신들에게 제물을 드리고 너를 청하면 네가 그 제물을 먹을까 함이며 또 네가 그들의 딸들을 네 아들들의 아내로 삼음으로 그들의 딸들이 그들의 신들을 음란하게 섬기며 네 아들에게 그들의 신들을 음란하게 섬기게 할까 함이니라"(출 34:15~16)

둘째, 나실인의 규례를 어겼습니다.

"삼손이 그의 부모와 함께 딤나에 내려가 딤나의 포도원에 이른즉 젊은 사자가 그를 보고 소리 지르는지라"(삿 14:5)

"얼마 후에 삼손이 그 여자를 맞이하려고 다시 가다가 돌이켜 그 사자의 주검을 본즉 사자의 몸에 벌 떼와 꿀이 있는지라 손으로 그 꿀을 떠서 걸어가며 먹고 그의 부모에게 이르러 그들에게 그것을 드려서 먹게 하였으나 그 꿀을 사자의 몸에서 떠왔다고는 알리지 아니하였더라"(삿 14:8~9)

"여호와의 사자가 마노아에게 이르되 내가 여인에게 말한 것들을 그가 다 삼가서 포도나무의 소산을 먹지 말며 포도주와 독주를 마시지 말며 어떤 부정한 것도 먹지 말고 내가 그에게 명령한 것은 다 지킬 것이니라 하니라"(삿 13:13~17)

삼손이 연약함에도 불구하고 하나님께서는 주권적 섭리로 당신의 뜻을 이루어 가십니다.

"그 때에 블레셋 사람이 이스라엘을 다스린 까닭에 삼손이 틈을 타서 블레셋 사람을 치려 함이었으나 그의 부모는 이 일이 여호와께로부터 나온 것인 줄은 알지 못하였더라"(삿 14:4)

"여호와의 영이 삼손에게 강하게 임하니 그가 손에 아무것도 없이 그 사자를 염소 새끼를 찢는 것 같이 찢었으나 그는 자기가 행한 일을 부모에게 알리지 아니하였더라"(삿 14:6)

"여호와의 영이 삼손에게 갑자기 임하시매 삼손이 아스글론에 내려가서 그 곳 사람 삼십 명을 쳐죽이고 노략하여 수수께끼 푼 자들에게 옷을 주고 심히 노하여 그의 아버지의 집으로 올라갔고 삼손의 아내는 삼손의 친구였던 그의 친구에게 준 바 되었더라"(삿 14:19~20)

하나님의 주권적 섭리(보존과 다스림)는 인간의 연약함과 나약함과 실패를 초월합니다.

"우리가 알거니와 하나님을 사랑하는 자 곧 그의 뜻대로 부르심을 입은 자들에게는 모든 것이 합력하여 선을 이루느니라"(롬 8:28)

그러므로 성삼위 하나님의 은혜로 언약 백성 위치에서 살아가며 하나님을 영화롭게 하는 우리 모두가 되기를 기도합니다.

사사기 15장 3절

"삼손이 그들에게 이르되 이번은 내가 블레셋 사람들을 해할지라도 그들에게 대하여 내게 허물이 없을 것이니라 하고"(개역개정판)

"그리고 삼손이 그들에게 말했다. 이번에는 내가 블레셋 사람들에게 참으로 내가 그들에게 악을 행한다고 해도 나는 무죄하다"(원문직역)

사사기 15장은 삼손이 사사의 위치에서 블레셋과의 싸움을 기록하는 말씀입니다.

블레셋은 삼손의 개인적 원수가 아닙니다.
하나님 나라를 고의적으로 거부하고 대적하는 세력입니다.

하나님께서는 언약 백성 위치에서 살지 않는 이스라엘 백성들을 회개시키고 회복케하기 위해 40년 동안 징계의 도구로 사용하던 블레셋을 꺾으시기 위하여 주권적 섭리로 삼손을 가지시고 역사하십니다.

쓰임받는 삼손은?

첫째, 합리적 보복을 합니다.(삿 15:1~8)

"얼마 후 밀 거둘 때에 삼손이 염소 새끼를 가지고 그의 아내에게로 찾아 가서 이르되 내가 방에 들어가 내 아내를 보고자 하노라 하니 장인이 들어오지 못하게 하고 이르되 네가 그를 심히 미워하는 줄 알고 그를 네 친구에게 주었노라 그의 동생이 그보다 더 아름답지 아니하냐 청하노니 너는 그를 대신하여 동생을 아내로 맞이하라 하니 삼손이 그들에게 이르되 이번은 내가 블레셋 사람들을 해할지라도 그들에게 대하여 내게 허물이 없을 것이니라 하고 삼손이 가서 여우 삼백 마리를 붙들어서 그 꼬리와 꼬리를 매고 홰를 가지고 그 두 꼬리 사이에 한 홰를 달고 홰에 불을 붙이고 그것을 블레셋 사람들의 곡식 밭으로 몰아 들여서 곡식 단과 아직 베지 아니한 곡식과 포도원과 감람나무들을 사른지라"(삿 15:1~5)

둘째, 유다 사람들에게 버림을 당합니다.(삿 15:9~13)

"유다 사람 삼천 명이 에담 바위 틈에 내려가서 삼손에게 이르되 너는 블레셋 사람이 우리를 다스리는 줄을 알지 못하느냐 네가 어찌하여 우리에게 이같이 행하였느냐 하니 삼손이 그들에게 이르되 그들이 내게 행한 대로 나도 그들에게 행하였노라 하니라 그들이 삼손에게 이르되 우리가 너를 결박하여 블레셋 사람의 손에 넘겨 주려고 내려왔노라 하니 삼손이 그들에게 이르되 너희가 나를 치지 아니하겠다고 내게 맹세하라 하매 그들이 삼손에게 말하여 이르되 아니라 우리가 다만 너를 단단히 결박하여 그들의 손에 넘겨 줄 뿐이요 우리가 결단코 너를 죽이지 아니하리라 하고 새 밧줄 둘로 결박하고 바위 틈에서 그를 끌어내니라"(삿 15:11~13)

셋째, 성령님의 은혜로 사사의 사명을 감당합니다.

"삼손이 레히에 이르매 블레셋 사람들이 그에게로 마주 나가며 소리 지를 때 여호와의 영이 삼손에게 갑자기 임하시매 그의 팔 위의 밧줄이 불탄 삼과 같이 그의 결박되었던 손에서 떨어진지라 삼손이 나귀의 새 턱뼈를 보고 손을 내밀어 집어 들고 그것으로 천 명을 죽이고 이르되 나귀의 턱뼈로 한 더미, 두 더미를 쌓았음이여 나귀의 턱뼈로 내가 천 명을 죽였도다 하니라 그가 말을 마치고 턱뼈를 자기 손에서 내던지고 그 곳을 라맛 레히라 이름하였더라"(삿 15:14~17)

넷째, 구원과 회복의 은총을 받았습니다.

"삼손이 심히 목이 말라 여호와께 부르짖어 이르되 주께서 종의 손을 통하여 이 큰 구원을 베푸셨사오나 내가 이제 목말라 죽어서 할례 받지 못한 자들의 손에 떨어지겠나이다 하니 하나님이 레히에서 한 우묵한 곳을 터뜨리시니 거기서 물이 솟

아나오는지라 삼손이 그것을 마시고 정신이 회복되어 소생하니 그러므로 그 샘 이름을 엔학고레라 불렀으며 그 샘이 오늘까지 레히에 있더라 블레셋 사람의 때에 삼손이 이스라엘의 사사로 이십 년 동안 지냈더라"(삿 15:18~20)

연약하고 나약해도 하나님 나라와 의를 위해 헌신하는 그리스도인들은 삶의 모든 영역에서 성령님 은혜로 하나님의 승리를 체험하고 하나님의 긍휼과 자비와 회복의 은총을 받고 삼위일체 하나님과 예수 그리스도를 알아가고 닮아갑니다.

그러므로 성삼위 하나님의 은혜로 하나님 나라와 의를 위해 살아가며 하나님을 영화롭게 하는 우리 모두가 되기를 기도합니다.

사사기 16장 20절

"들릴라가 이르되 삼손이여 블레셋 사람이 당신에게 들이닥쳤느니라 하니 삼손이 잠을 깨며 이르기를 내가 전과 같이 나가서 몸을 떨치리라 하였으나 여호와께서 이미 자기를 떠나신 줄을 깨닫지 못하였더라"(개역한글판)

"그리고 그녀가 말했다. 삼손 블레셋 사람이 당신에게 왔습니다. 그러자 그가 잠에서 깨어났다. 그리고 그가 말했다. 내가 전과 같이 나갈 것이다. 그리고 내가 으르릉거릴 것이다. 그러나 그는 참으로 여호와께서 그에게서 떠나셨음을 알지 못했다"(원문직역)

사사기 16장은 삼손의 마지막 사역과 죽음을 기록하고 있습니다.

예수 그리스도의 몸 된 교회의 지체가 되어 예수 그리스도의 삼중 직임인 선자자, 제사장, 왕 직을 드러내는 그리스도인들은?

첫째, 육체의 소욕에 다스림 받고 포로와 노예가 되는 사람이 아닙니다.(삿 16:1~16)

"삼손이 가사에 가서 거기서 한 기생을 보고 그에게로 들어갔더니"(삿 16:1)
"이 후에 삼손이 소렉 골짜기의 들릴라라 이름하는 여인을 사랑하매"(삿 16:4)
"날마다 그 말로 그를 재촉하여 조르매 삼손의 마음이 번뇌하여 죽을 지경이라"(삿 16:16)

둘째, 예수 그리스도를 자신의 주인으로 모시고 있는 것을 목숨보다 소중하게 여기는 사람입니다.

"삼손이 진심을 드러내어 그에게 이르되 내 머리 위에는 삭도를 대지 아니하였나니 이는 내가 모태에서부터 하나님의 나실인이 되었음이라 만일 내 머리가 밀리면 내 힘이 내게서 떠나고 나는 약해져서 다른 사람과 같으리라 하니라 들릴라가 삼손이 진심을 다 알려 주므로 사람을 보내어 블레셋 사람들의 방백들을 불러 이르되 삼손이 내게 진심을 알려 주었으니 이제 한 번만 올라오라 하니 블레셋 방백들이 손에 은을 가지고 그 여인에게로 올라오니라 들릴라가 삼손에게 자기 무릎을 베고 자게 하고 사람을 불러 그의 머리털 일곱 가닥을 밀고 괴롭게 하여 본즉 그의 힘이 없어졌더라 들릴라가 이르되 삼손이여 블레셋 사람이 당신에게 들이닥쳤느니라 하니 삼손이 잠을 깨며 이르기를 내가 전과 같이 나가서 몸을 떨치리라 하였으나 여호와께서 이미 자기를 떠나신 줄을 깨닫지 못하였더라"(삿 16:17~20)

셋째, 연약하고 나약한 위치에서도 자신에게 주어진 사명을 감당하는 사람입니다.(삿 16:21~31)

"삼손이 여호와께 부르짖어 이르되 주 여호와여 구하옵나니 나를 생각하옵소서 하나님이여 구하옵나니 이번만 나를 강하게 하사나의 두 눈을 뺀 블레셋 사람에게 원수를 단번에 갚게 하옵소서 하고 삼손이 집을 버틴 두 기둥 가운데 하나는 왼손으로 하나는 오른손으로 껴 의지하고 삼손이 이르되 블레셋 사람과 함께 죽기를 원하노라 하고 힘을 다하여 몸을 굽히매 그 집이 곧 무너져 그 안에 있는 모든 방백들과 온 백성에게 덮이니 삼손이 죽을 때에 죽인 자가 살았을 때에 죽인 자보다 더욱 많았더라"(삿 16:28~30)

하나님은 연약하고 나약한 그리스도인들을 버리지 않습니다.

"그의 머리털이 밀린 후에 다시 자라기 시작하니라"(삿 16:22)

아쉬움이 많이 남는 사사 삼손입니다.

우리들의 자화상 이기도 합니다.

"내가 무슨 말을 더 하리요 기드온, 바락, 삼손, 입다, 다윗 및 사무엘과 선지자들의 일을 말하려면 내게 시간이 부족하리로다 그들은 믿음으로 나라들을 이기기도 하며 의를 행하기도 하며 약속을 받기도 하며 사자들의 입을 막기도 하며 불의 세력을 멸하기도 하며 칼날을 피하기도 하며 연약한 가운데서 강하게 되기도 하며 전쟁에 용감하게 되어 이방 사람들의 진을 물리치기도 하며"(히 11:32~34)

그러므로 성삼위 하나님의 은혜로 바른 경건의 위치에서 사명을 감당하며 하나님을 영화롭게 하는 우리 모두가 되기를 기도합니다.

사사기 17장 1절

"에브라임 산지에 미가라 이름하는 사람이 있더니"(개역개정판)

"그리고 에브라임 산으로부터 한 사람이 있었다. 그리고 그의 이름은 미가이다"(원문직역)

사사기 17장은 미가 가정의 우상 숭배를 기록하고 있습니다.

사사시대는 하나님께서 직접 왕으로 다스리시는 시대였습니다.

이스라엘 백성들은 하나님을 자신들의 왕으로 모시지 않고 다스림 받지 않고 언약 백성 위치에서 살지 않고 하나님 말씀에 불순종 했습니다.

"그 때에는 이스라엘에 왕이 없었으므로 사람마다 자기 소견에 옳은 대로 행하였더라"(삿 17:6)

보이지 않는 하나님 형상이시고 하나님의 영광의 광채와 본체의 형상이시며 하나님 나라의 왕과 교회의 머리와 세상과 역사의 중심이신 만 왕의 왕과 만 주의 주이신 예수 그리스도를 자신의 주인으로 모시지 않고 다스림 받지 않고 말씀에 불순종 하면?

첫째, 도덕적 타락을 하게 됩니다.

"에브라임 산지에 미가라 이름하는 사람이 있더니 그의 어머니에게 이르되 어머니께서 은 천백을 잃어버리셨으므로 저주하시고 내 귀에도 말씀하셨더니 보소서 그

은이 내게 있나이다 내가 그것을 가졌나이다 하니 그의 어머니가 이르되 내 아들이 여호와께 복 받기를 원하노라 하니라 미가가 은 천백을 그의 어머니에게 도로 주매 그의 어머니가 이르되 내가 내 아들을 위하여 한 신상을 새기며 한 신상을 부어 만들기 위해 내 손에서 이 은을 여호와께 거룩히 드리노라 그러므로 내가 이제 이 은을 네게 도로 주리라"(삿 17:1~3)

둘째, 혼합주의적 종교인이 됩니다.

"미가가 그 은을 그의 어머니에게 도로 주었으므로 어머니가 그 은 이백을 가져다 은장색에게 주어 한 신상을 새기고 한 신상을 부어 만들었더니 그 신상이 미가의 집에 있더라 그 사람 미가에게 신당이 있으므로 그가 에봇과 드라빔을 만들고 한 아들을 세워 그의 제사장으로 삼았더라"(삿 17:4~5)

셋째, 자신의 종교를 만듭니다.(삿 17:7~12)

"미가가 그에게 이르되 네가 나와 함께 거주하며 나를 위하여 아버지와 제사장이 되라 내가 해마다 은 열과 의복 한 벌과 먹을 것을 주리라 하므로 그 레위인이 들어갔더라 그 레위인이 그 사람과 함께 거주하기를 만족하게 생각했으니 이는 그 청년이 미가의 아들 중 하나 같이 됨이라 미가가 그 레위인을 거룩하게 구별하매 그 청년이 미가의 제사장이 되어 그 집에 있었더라"(삿 17:10~12)

넷째, 기복주의적 종교인이 됩니다.

"이에 미가가 이르되 레위인이 내 제사장이 되었으니 이제 여호와께서 내게 복 주실 줄을 아노라 하니라"(삿 17:13)

예수 그리스도를 자신의 왕(주인)으로 모시는 그리스도인은 "에베드"(히, 노예)와 "둘로스"(헬, 종)라고 하는 그리스도의 종의 위치에서 "유스 디비눔"(신적 규례, 신적 권위, 하나님의 법)에 순종하며 순결하고 정숙하고 현숙한 그리스도의 신부의 위치에서 살게 됩니다.

그러므로 성삼위 하나님의 은혜로 예수 그리스도를 자신의 왕(주인)으로 모시고 하나님을 영화롭게 하는 우리 모두가 되기를 기도합니다.

사사기 18장 30절

"단 자손이 자기들을 위하여 그 새긴 신상을 세웠고 모세의 손자요 게르솜의 아들인 요나단과 그의 자손은 단 지파의 제사장이 되어 그 땅 백성이 사로잡히는 날까지 이르렀더라"(개역개정판)

"그리고 단의 아들들은 그들 자신을 위해 새긴 우상을 세웠다. 그리고 모세의 손자 게르솜의 아들인 요나단과 그와 그의 아들들은 그 땅이 사로잡히는 날까지 그 단 지파를 위한 제사장이었다"(원문직역)

사사기 18장은 단 지파가 라이스를 점령하며 미가 가정의 우상을 탈취하여 우상숭배 하는 내용을 기록하고 있습니다.

교회의 머리는 예수 그리스도입니다.

"몸을 돌이켜 나에게 말한 음성을 알아 보려고 돌이킬 때에 일곱 금 촛대를 보았는데 촛대 사이에 인자 같은 이가 발에 끌리는 옷을 입고 가슴에 금띠를 띠고 그의 머리와 털의 희기가 흰 양털 같고 눈 같으며 그의 눈은 불꽃 같고 그의 발은 풀무불에 단련한 빛난 주석 같고 그의 음성은 많은 물 소리와 같으며 그의 오른손에 일곱 별이 있고 그의 입에서 좌우에 날선 검이 나오고 그 얼굴은 해가 힘있게 비치는 것 같더라 내가 볼 때에 그의 발 앞에 엎드러져 죽은 자 같이 되매 그가 오른손을 내게 얹고 이르시되 두려워하지 말라 나는 처음이요 마지막이니 곧 살아 있는 자라 내가 전에 죽었었노라 볼지어다 이제 세세토록 살아 있어 사망과 음부의 열쇠를 가졌노니 그러므로 네가 본 것과 지금 있는 일과 장차 될 일을 기록하라 네가 본 것은 내 오른손의 일곱 별의 비밀과 또 일곱 금 촛대라 일곱 별은 일곱 교회의 사자요 일곱 촛대는 일곱 교회니라"(계 1:12~20)

"토투스"(예수 그리스도)께서는 "토툼"(치리회)안에서 "렉스"(법)을 가지시고 교회를 다스립니다.

"토툼"(치리회)란 당회와 노회와 총회를 가르칩니다.

"렉스"(법)란 "유스 디비눔"(신적 규례, 신적 권위, 하나님의 법)인 바른 교리와 바른 교리에 근거한 바른 예배와 바른 교리에 근거한 바른 교회 질서(법, 정치)입니다.

바른 교리란 관원이 동원되어 공적으로 선포된 사도 신경과 니케야 신경과 칼케톤 신경과 아타나시우스 신경과 벨직 신앙고백서와 하이델베르크 요리문답서와 도르트 신조와 웨스트민스터 신앙고백서 등을 울타리로 삼아 성경속으로 들어가 문법적 해석과 역사적 해석과 역사적으로 검증된 정통 신학과 성령님의 조명으로 해석 되어진 체계화 된 진리입니다.

그리스도인들이 "토툼"인 "치리회"를 무시하고 "유스 디비눔"인 바른 교리와 바른 예배와 바른 질서(법, 정치)를 버리면?

첫째, 거짓 성도와 거짓 목회자가 될 수 있습니다.(삿 18:1~6)

"그들이 그에게 이르되 청하건대 우리를 위하여 하나님께 물어 보아서 우리가 가는 길이 형통할는지 우리에게 알게 하라 하니 그 제사장이 그들에게 이르되 평안히 가라 너희가 가는 길은 여호와 앞에 있느니라 하니라"(삿 18:5~6)

둘째, 거짓 교회를 세우게 될 수도 있습니다.(삿 18:13~20)

"그 땅을 정탐하러 갔던 다섯 사람이 그리로 들어가서 새긴 신상과 에봇과 드라빔과 부어 만든 신상을 가져갈 때에 그 제사장은 무기를 지닌 육백 명과 함께 문 입구에 섰더니 그 다섯 사람이 미가의 집에 들어가서 그 새긴 신상과 에봇과 드라빔과 부어 만든 신상을 가지고 나오매 그 제사장이 그들에게 묻되 너희가 무엇을 하느냐 하니 그들이 그에게 이르되 잠잠하라 네 손을 입에 대라 우리와 함께 가서 우리의 아버지와 제사장이 되라 네가 한 사람의 집의 제사장이 되는 것과 이스라엘의 한 지파 한 족속의 제사장이되는 것 중에서 어느 것이 낫겠느냐 하는지라 그 제사장이 마음에 기뻐하여 에봇과 드라빔과 새긴 우상을 받아 가지고 그 백성 가운데로 들어가니라"(삿 18:17~20)

"내가 증언하노니 그들이 하나님께 열심이 있으나 올바른 지식을 따른 것이 아니니라"(롬 10:2)

셋째, 불법과 폭력을 자행합니다.(삿 18:21~26)

"미가가 이르되 내가 만든 신들과 제사장을 빼앗아 갔으니 이제 내게 오히려 남은 것이 무엇이냐 너희가 어찌하여 나더러 무슨 일이냐고 하느냐 하는지라 단 자손이 그에게 이르되 네 목소리를 우리에게 들리게 하지 말라 노한 자들이 너희를 쳐서 네 생명과 네 가족의 생명을 잃게 할까 하노라 하고 단 자손이 자기 길을 간지라 미가가 단 자손이 자기보다 강한 것을 보고 돌이켜 집으로 돌아갔더라"(삿 18:24~27)

넷째, 하나님의 진노의 대상이 됩니다.

"단 자손이 자기들을 위하여 그 새긴 신상을 세웠고 모세의 손자요 게르솜의 아들인 요나단과 그의 자손은 단 지파의 제사장이 되어 그 땅 백성이 사로잡히는 날까지 이르렀더라 하나님의 집이 실로에 있을 동안에 미가가 만든 바 새긴 신상이 단 자손에게 있었더라"(삿 18:30~31)

바른 교리에 근거한 교회법이 무너지면 바른 교리가 무너지고 바른 교리가 무너지면 바른 예배가 무너집니다.

하나님께서 "코로나"를 가지고 매를 대는 것이 참으로 아프고 우리들의 전적인 타락과 전적인 부패와 전적인 무능력과 전적인 무지를 애통하고 통곡합니다.

그러므로 성삼위 하나님의 은혜로 바른 진리 안으로 들어가 살아가며 하나님을 영화롭게 하는 우리 모두가 되기를 기도합니다.

사사기 19장 1절

"이스라엘에 왕이 없을 그 때에 에브라임 산지 구석에 거류하는 어떤 레위 사람이 유다 베들레헴에서 첩을 맞이하였더니"(개역개정판)

"그리고 이것은 그날이었다. 그리고 이스라엘 안에 왕이 없었다. 그리고 에브라임 산의 외딴 곳에 한 레위인이 살고 있었다. 그리고 그는 유다 베들레헴에서 자신을 위해 한 첩을 취하였다"(원문직역)

사사기 19장은 레위인 첩의 행음과 윤간으로 인한 죽음과 남편되는 레위인이 분노하여 첩의 시신을 열두토막으로 잘라 열두 지파에게 보내는 내용의 말씀입니다.

그리스도인은 예수 그리스도의 몸 된 교회의 지체가 되어 하나님의 다스림을 받으며 살아야 한다.

하나님 나라 속에서 하나님의 다스림을 받지 못하면?

"이스라엘에 왕이 없을 그 때에"(삿 19:1상)

첫째, 성적 타락을 하게 됩니다.

"에브라임 산지 구석에 거류하는 어떤 레위 사람이 유다 베들레헴에서 첩을 맞이하였더니"(삿 19:1하)

"그들은 부정한 창녀나 이혼 당한 여인을 취하지 말지니 이는 그가 여호와 하나님께 거룩함이니라"(레 21:7)

둘째, 하나님 말씀을 가볍게 여기고 순종하지 않는 사람이 됩니다.

"그 첩이 행음하고 남편을 떠나 유다 베들레헴 그의 아버지의 집에 돌아가서 거기서 넉 달 동안을 지내매 그의 남편이 그 여자에게 다정하게 말하고 그를 데려오고자 하여 하인 한 사람과 나귀 두 마리를 데리고 그에게로 가매 여자가 그를 인도하여 아버지의 집에 들어가니 그 여자의 아버지가 그를 보고 기뻐하니라"(삿 19:2~3)

"어떤 남자가 유부녀와 동침한 것이 드러나거든 그 동침한 남자와 그 여자를 둘 다 죽여 이스라엘 중에 악을 제할지니라"(신 22:22)

셋째, 만연된 성적 타락과 하나님의 무서운 진노의 심판을 받습니다.

"그들이 마음을 즐겁게 할 때에 그 성읍의 불량배들이 그 집을 에워싸고 문을 두들기며 집 주인 노인에게 말하여 이르되 네 집에 들어온 사람을 끌어내라 우리가 그와 관계하리라 하니 집 주인 그 사람이 그들에게로 나와서 이르되 아니라 내 형제들아 청하노니 이같은 악행을 저지르지 말라 이 사람이 내 집에 들어왔으니 이런 망령된 일을 행하지 말라 보라 여기 내 처녀 딸과 이 사람의 첩이 있은즉 내가 그들을 끌어내리니 너희가 그들을 욕보이든지 너희 눈에 좋은 대로 행하되 오직 이 사람에게는 이런 망령된 일을 행하지 말라 하나 무리가 듣지 아니하므로 그 사람이 자기 첩을 붙잡아 그들에게 밖으로 끌어내매 그들이 그 여자와 관계하였고 밤새도록 그 여자를 능욕하다가 새벽 미명에 놓은지라 동틀 때에 여인이 자기의 주인이 있는 그 사람의 집 문에 이르러 엎드러져 밝기까지 거기 엎드러져 있더라 그의 주인이 일찍이 일어나 집 문을 열고 떠나고자 하더니 그 여인이 집 문에 엎드러져 있고 그의 두 손이 문지방에 있는 것을 보고 그에게 이르되 일어나라 우리가 떠나가자 하나 아무 대답이 없는지라 이에 그의 시체를 나귀에 싣고 행하여 자기 곳에 돌아가서 그 집에 이르러서는 칼을 가지고 자기 첩의 시체를 거두어 그 마디를 찍어 열두 덩이에 나누고 그것을 이스라엘 사방두루 보내매 그것을 보는 자가 다 이르되 이스라엘 자손이 애굽 땅에서 올라온 날부터 오늘까지 이런 일은 일어나지도 아니하였고 보지도 못하였도다 이 일을 생각하고 상의한 후에 말하자 하니라"(삿 19:22~30)

그리스도인은 예수 그리스도의 몸 된 교회의 지체가 되어 교회를 통하여 하나님 나라를 드러내고 자신 삶의 모든 영역에서 하나님 나라를 드러내는 사람들입니다.

> "그런즉 너희는 먼저 그의 나라와 그의 의를 구하라 그리하면 이 모든 것을 너희에게 더하시리라"(마 6:33)

그러므로 성삼위 하나님의 은혜로 하나님 나라 속에서 하나님 나라를 드러내며 하나님을 영화롭게 하는 우리 모두가 되기를 기도합니다.

사사기 20장 10절

"우리가 이스라엘 모든 지파 중에서 백 명에 열 명, 천 명에 백 명, 만 명에 천 명을 뽑아 그 백성을 위하여 양식을 준비하고 그들에게 베냐민의 기브아에 가서 그 무리가 이스라엘 중에서 망령된 일을 행한 대로 징계하게 하리라 하니라"(개역개정판)

"그리고 우리가 백명 중 열 사람을 그리고 천명 중 백 사람을 그리고 만명 중 천 사람을 취하고 그 백성을 위한 식량을 예비하고 이 망령된 모든 일을 이스라엘 안에서 행한 기브아의 베냐민에게 그들에게 들어가 행하자"(원문직역)

사사기 20장은 이스라엘 열 한 지파가 베냐민 지파를 징계하는 내용의 말씀입니다.

권징은?

첫째, 하나님의 뜻입니다.(삿 20:1~11)

"우리가 이스라엘 모든 지파 중에서 백 명에 열 명, 천 명에 백 명, 만 명에 천 명을 뽑아 그 백성을 위하여 양식을 준비하고 그들에게 베냐민의 기브아에 가서 그 무리가 이스라엘 중에서 망령된 일을 행한 대로 징계하게 하리라 하니라 이와 같이 이스라엘 모든 사람이 하나 같이 합심하여 그 성읍을 치려고 모였더라"(삿 20:10~11)
"너희 중에 심지어 음행이 있다 함을 들으니 그런 음행은 이방인 중에서도 없는 것이라 누가 그 아버지의 아내를 취하였다 하는도다 그리하고도 너희가 오히려 교만하여져서 어찌하여 통한히 여기지 아니하고 그 일 행한 자를 너희 중에서 쫓아내지 아니하였느냐"(고전 5:1~2)

“또 내가 네게 이르노니 너는 베드로라 내가 이 반석 위에 내 교회를 세우리니 음부의 권세가 이기지 못하리라 내가 천국 열쇠를 네게 주리니 네가 땅에서 무엇이든지 매면 하늘에서도 매일 것이요 네가 땅에서 무엇이든지 풀면 하늘에서도 풀리리라 하시고”(마 16:18~19)

둘째, 회개케 하기 위함입니다.

“이스라엘 지파들이 베냐민 온 지파에 사람들을 보내어 두루 다니며 이르기를 너희 중에서 생긴 이 악행이 어찌 됨이냐 그런즉 이제 기브아 사람들 곧 그 불량배들을 우리에게 넘겨 주어서 우리가 그들을 죽여 이스라엘 중에서 악을 제거하여 버리게 하라 하나 베냐민 자손이 그들의 형제 이스라엘 자손의 말을 듣지 아니하고 도리어 성읍들로부터 기브아에 모이고 나가서 이스라엘 자손과 싸우고자 하니라”(삿 20:12~14)

셋째, 교회의 바른 질서(법, 정지)내로 시행해야 합니다.(삿 20:14~28)

“베냐민도 그 이튿날에 기브아에서 그들을 치러 나와서 다시 이스라엘 자손 만 팔천 명을 땅에 엎드러뜨렸으니 다 칼을 빼는 자였더라 이에 온 이스라엘 자손 모든 백성이 올라가 벧엘에 이르러 울며 거기서 여호와 앞에 앉아서 그 날이 저물도록 금식하고 번제와 화목제를 여호와 앞에 드리고 이스라엘 자손이 여호와께 물으니라 그 때에는 하나님의 언약궤가 거기 있고 아론의 손자인 엘르아살의 아들 비느하스가 그 앞에 모시고 섰더라 이스라엘 자손들이 여쭈기를 우리가 다시 나아가 내 형제 베냐민 자손과 싸우리이까 말리이까 하니 여호와께서 이르시되 올라가라 내일은 내가 그를 네 손에 넘겨 주리라 하시는지라”(삿 20:25~28)

넷째, 가혹하게 해서는 안됩니다.(삿 20:29~48)

“이 날에 베냐민 사람으로서 칼을 빼는 자가 엎드러진 것이 모두 이만 오천 명이니 다 용사였더라 베냐민 사람 육백 명이 돌이켜 광야로 도망하여 림몬 바위에 이르러 거기에서 넉 달 동안을 지냈더라 이스라엘 사람이 베냐민 자손에게로 돌아와서 온 성읍과 가축과 만나는 자를 다 칼날로 치고 닥치는 성읍은 모두 다 불살랐더라”(삿 20:46~48)

권징의 목적은 회복을 위한 것입니다.

"이스라엘 자손이 그들의 형제 베냐민을 위하여 뉘우쳐 이르되 오늘 이스라엘 중에 한 지파가 끊어졌도다"(삿 21:6)

권징은 교회의 삼대 표지중 하나입니다.

권징은 교회 순결을 위해 반드시 실행해야 합니다.

하나님의 부성적 사랑과 따뜻한 공의로 시행해야 합니다.

"이러한 사람은 많은 사람에게서 벌 받는 것이 마땅하도다 그런즉 너희는 차라리 그를 용서하고 위로할 것이니 그가 너무 많은 근심에 잠길까 두려워하노라 그러므로 너희를 권하노니 사랑을 그들에게 나타내라"(고후 2:6~8)

그러므로 성삼위 하나님의 은혜로 교회의 순결을 위해 바른 권징을 시행하며 하나님을 영화롭게 하는 우리 모두가 되기를 기도합니다.

사사기 21장 1절

"이스라엘 사람들이 미스바에서 맹세하여 이르기를 우리 중에 누구든지 딸을 베냐민 사람에게 아내로 주지 아니하리라 하였더라"(개역개정판)

"그리고 이스라엘 사람들은 미스바에서 맹세했다. 말하기를 우리 가운데에서는 어떤 사람도 그의 딸을 베냐민에게 아내로 주지 않아야 한다"(원문직역)

권징은 회복을 위한 권징이 되어야 합니다.

"주 예수의 이름으로 너희가 내 영과 함께 모여서 우리 주 예수의 능력으로 이런 자를 사탄에게 내주었으니 이는 육신은 멸하고 영은 주 예수의 날에 구원을 받게 하려 함이라"(고전 5:4~5)

지나친 권징은 더불어 함께 지어져가는 지체들을 망가뜨립니다.(삿 21:1~6)

"이스라엘 사람들이 미스바에서 맹세하여 이르기를 우리 중에 누구든지 딸을 베냐민 사람에게 아내로 주지 아니하리라 하였더라 백성이 벧엘에 이르러 거기서 저녁까지 하나님 앞에 앉아서 큰 소리로 울며 이르되 이스라엘의 하나님 여호와여 어찌하여 이스라엘에 이런 일이 생겨서 오늘 이스라엘 중에 한 지파가 없어지게 하시나이까 하더니"(삿 21:1~3)

"이스라엘 자손이 그들의 형제 베냐민을 위하여 뉘우쳐 이르되 오늘 이스라엘 중에 한 지파가 끊어졌도다"(삿 21:6)

이스라엘 백성들은 베냐민 지파를 회복시키기 위해?

첫째, 편법을 행했습니다.(삿 21:7~15)

"그들이 야베스 길르앗 주민 중에서 젊은 처녀 사백 명을 얻었으니 이는 아직 남자와 동침한 일이 없어 남자를 알지 못하는 자라 그들을 실로 진영으로 데려오니 이곳은 가나안 땅이더라 온 회중이 림몬 바위에 있는 베냐민 자손에게 사람을 보내어 평화를 공포하게 하였더니 그 때에 베냐민이 돌아온지라 이에 이스라엘 사람이 야베스 길르앗 여자들 중에서 살려 둔 여자들을 그들에게 주었으나 아직도 부족하므로 백성들이 베냐민을 위하여 뉘우쳤으니 이는 여호와께서 이스라엘 지파들 중에 한 지파가 빠지게 하셨음이었더라"(삿 21:12~15)

둘째, 불법을 행했습니다.(삿 21:16~24)

"또 이르되 보라 벧엘 북쪽 르보나 남쪽 벧엘에서 세겜으로 올라가는 큰 길 동쪽 실로에 매년 여호와의 명절이 있도다 하고 베냐민 자손에게 명령하여 이르되 가서 포도원에 숨어 보다가 실로의 여자들이 춤을 추러 나오거든 너희는 포도원에서 나와서 실로의 딸 중에서 각각 하나를 붙들어 가지고 자기의 아내로 삼아 베냐민 땅으로 돌아가라 만일 그의 아버지나 형제가 와서 우리에게 시비하면 우리가 그에게 말하기를 청하건대 너희는 우리에게 은혜를 베풀어 그들을 우리에게 줄지니라 이는 우리가 전쟁할 때에 각 사람을 위하여 그의 아내를 얻어 주지 못하였고 너희가 자의로 그들에게 준 것이 아니니 너희에게 죄가 없을 것임이니라 하겠노라 하매 베냐민 자손이 그같이 행하여 춤추는 여자들 중에서 자기들의 숫자대로 붙들어 아내로 삼아 자기 기업에 돌아가서 성읍들을 건축하고 거기에 거주하였더라"(삿 21:19~23)

예수 그리스도는 교회의 머리입니다.

교회의 머리인 예수 그리스도는 치리회(당회, 노회, 총회) 안에서 치리회를 통해서 치리회를 가지고 "유스 디비눔"(신적 규례, 신적 권위, 하나님의 법)인 바른 교리와 바른 교리에 근거한 바른 예배와 바른 교리에 근거한 바른 교회 질서(법, 정치)를 가지시고 다스립니다.

"너희가 서로 거짓말을 하지 말라 옛 사람과 그 행위를 벗어 버리고 새 사람을 입었으니 이는 자기를 창조하신 이의 형상을 따라 지식에까지 새롭게 하심을 입은 자니라 거기에는 헬라인이나 유대인이나 할례파나 무할례파나 야만인이나 스구디아인이나 종이나 자유인이 차별이 있을 수 없나니 오직 그리스도는 만유시요 만유 안에 계시니라"(골 3:9~11)

사사시대에는 하나님의 다스림을 버렸습니다.

"그 때에 이스라엘에 왕이 없으므로 사람이 각기 자기의 소견에 옳은 대로 행하였더라"(삿 21:25)

그러므로 성삼위 하나님의 은혜로 바른 교회법에 순종하며 하나님을 영화롭게 하는 우리 모두가 되기를 기도합니다.

룻기

룻기 1장 1절

"사사들이 치리하던 때에 그 땅에 흉년이 드니라 유다 베들레헴에 한 사람이 그의 아내와 두 아들을 데리고 모압 지방에 가서 거류하였는데"(개역개정판)

"그리고 이것은 그 사사들이 재판하는 때였다. 그리고 그 땅에 기근이 있었다. 그리고 유다의 베들레헴에서 한 사람이 그와 그의 아내와 그의 두 아들들을(데리고) 모압의 들판으로 거주하려고 갔다"(원문직역)

룻기서 1장은 가나안 땅을 떠난 나오미가 자신의 자부인 룻과 더불어 유다 베들레헴으로 다시 돌아오는 말씀입니다.

하나님께서는 언약 백성의 위치에서 살지 않는 이스라엘 백성들을 징계하셨습니다.

"사사들이 치리하던 때에 그 땅에 흉년이 드니라"(룻 1:1상)

"너희는 스스로 삼가라 두렵건대 마음에 미혹하여 돌이켜 다른 신들을 섬기며 그것에게 절하므로 여호와께서 너희에게 진노하사 하늘을 닫아 비를 내리지 아니하여 땅이 소산을 내지 않게 하시므로 너희가 여호와께서 주신 아름다운 땅에서 속히 멸망할까 하노라"(신 11:16~17)

회개하는 이스라엘 백성들을 불쌍히 여기시는 언약에 신실하신 하나님께서는 다시 은혜를 베푸셨습니다.

"그 여인이 모압 지방에서 여호와께서 자기 백성을 돌보시사 그들에게 양식을 주셨다함을 듣고"(룻 1:6상)

하나님께서는 징계 하시지만 회복 시키시는 분입니다.

연대적으로 징계 받는 고통을 참지 못하고 엘리멜렉의 가정은 모압으로 이주했습니다.

"사사들이 치리하던 때에 그 땅에 흉년이 드니라 유다 베들레헴에 한 사람이 그의 아내와 두 아들을 데리고 모압 지방에 가서 거류하였는데 그 사람의 이름은 엘리멜렉이요 그의 아내의 이름은 나오미요 그의 두 아들의 이름은 말론과 기룐이니 유다 베들레헴 에브랏 사람들이더라 그들이 모압 지방에 들어가서 거기 살더니"(룻 1:1~2)

그리스도인은 어떤 경우에도 하나님 나라와 예수 그리스도의 몸 된 교회를 떠나서는 안됩니다.

하나님 나라와 예수 그리스도의 몸 된 교회를 떠나면?

첫째, 하나님의 징계를 받습니다.

"나오미의 남편 엘리멜렉이 죽고 나오미와 그의 두 아들이 남았으며 그들은 모압 여자 중에서 그들의 아내를 맞이하였는데 하나의 이름은 오르바요 하나의 이름은 룻이더라 그들이 거기에 거주한 지 십 년쯤에 말론과 기룐 두 사람이 다 죽고 그 여인은 두 아들과 남편의 뒤에 남았더라"(룻 1:3~5)

둘째, 하나님의 주권적 섭리 가운데 모진 환란과 연단을 받습니다.

"너희가 어찌 그들이 자라기를 기다리겠으며 어찌 남편 없이 지내겠다고 결심하겠느냐 내 딸들아 그렇지 아니하니라 여호와의 손이 나를 치셨으므로 나는 너희로 말미암아 더욱 마음이 아프도다 하매"(룻 1:13)

"이에 그 두 사람이 베들레헴까지 갔더라 베들레헴에 이를 때에 온 성읍이 그들로 말미암아 떠들며 이르기를 이이가 나오미냐 하는지라 나오미가 그들에게 이르되 나를 나오미라 부르지 말고 나를 마라라 부르라 이는 전능자가 나를 심히 괴롭게 하셨음이니라 내가 풍족하게 나갔더니 여호와께서 내게 비어 돌아오게 하셨느니라 여호와께서 나를 징벌하셨고 전능자가 나를 괴롭게 하셨거늘 너희가 어찌 나를 나오미라 부르느냐 하니라"(룻 1:19~21)

그러나 복음을 듣고 다시 돌아오면?

"그 여인이 모압 지방에서 여호와께서 자기 백성을 돌보시사 그들에게 양식을 주셨다 함을 듣고 이에 두 며느리와 함께 일어나 모압 지방에서 돌아오려 하여"(룻 1:6)

예수 그리스도의 품 안에서 주권적 섭리로 회복시킵니다.

"그들이 소리를 높여 다시 울더니 오르바는 그의 시어머니에게 입 맞추되 룻은 그를 붙좇았더라 나오미가 또 이르되 보라 네 동서는 그의 백성과 그의 신들에게로 돌아가나니 너도 너의 동서를 따라 돌아가라 하니 룻이 이르되 내게 어머니를 떠나며 어머니를 따르지 말고 돌아가라 강권하지 마옵소서 어머니께서 가시는 곳에 나도 가고 어머니께서 머무시는 곳에서 나도 머물겠나이다 어머니의 백성이 나의 백성이 되고 어머니의 하나님이 나의 하나님이 되시리니 어머니께서 죽으시는 곳에서 나도 죽어 거기 묻힐 것이라 만일 내가 죽는 일 외에 어머니를 떠나면 여호와께서 내게 벌을 내리시고 더 내리시기를 원하나이다 하는지라 나오미가 룻이 자기와 함께 가기로 굳게 결심함을 보고 그에게 말하기를 그치니라"(룻 1:14~18)

"아브라함과 다윗의 자손 예수 그리스도의 계보라"(마 1:1)

"살몬은 라합에게서 보아스를 낳고 보아스는 룻에게서 오벳을 낳고 오벳은 이새를 낳고 이새는 다윗 왕을 낳으니라"(마 1:5~6상)

그러므로 성삼위 하나님의 은혜로 예수 그리스도의 몸 된 교회안에서 살아가며 하나님을 영화롭게 하는 우리 모두가 되기를 기도합니다.

룻기 2장 1절

"나오미의 남편 엘리멜렉의 친족으로 유력한 자가 있으니 그의 이름은 보아스더라"(개역개정판)

"그리고 나오미에게 그녀 남편의 친척이 있었다. 그는 엘리멜렉의 가족 중에서 용사이며 부요한 사람이었다. 그리고 그 이름은 보아스였다"(원문직역)

룻기 2장은 룻이 자신의 기업을 회복시켜줄 보아스를 만나는 말씀입니다.

그리스도인의 모든 삶은 우연이 없습니다.

하나님의 섭리(통치와 보존)의 은총 가운데 살아갑니다.

"룻이 가서 베는 자를 따라 밭에서 이삭을 줍는데 우연히("미크레": 예상치 못할 일) 엘리멜렉의 친족 보아스에게 속한 밭에 이르렀더라"(룻 2:3)

하나님의 섭리 가운데 사는 그리스도인들은?

첫째, 관용하는 사람입니다.

"보아스가 룻에게 이르되 내 딸아 들으라 이삭을 주우러 다른 밭으로 가지 말며 여기서 떠나지 말고 나의 소녀들과 함께 있으라 그들이 베는 밭을 보고 그들을 따르라 내가 그 소년들에게 명령하여 너를 건드리지 말라 하였느니라 목이 마르거든 그릇에 가서 소년들이 길어 온 것을 마실지니라 하는지라"(룻 2:8~9)

둘째, 겸손한 사람입니다.

"룻이 엎드려 얼굴을 땅에 대고 절하며 그에게 이르되 나는 이방 여인이거늘 당신이 어찌하여 내게 은혜를 베푸시며 나를 돌보시나이까 하니"(룻 2:10)

"룻이 이르되 내 주여 내가 당신께 은혜 입기를 원하나이다 나는 당신의 하녀 중의 하나와도 같지 못하오나 당신이 이 하녀를 위로하시고 마음을 기쁘게 하는 말씀을 하셨나이다 하니라"(룻 2:13)

셋째, 하나님 나라를 사모하는 사람입니다.

"보아스가 그에게 대답하여 이르되 네 남편이 죽은 후로 네가 시어머니에게 행한 모든 것과 네 부모와 고국을 떠나 전에 알지 못하던 백성에게로 온 일이 내게 분명히 알려졌느니라"(룻 2:11)

넷째, 예수 그리스도 안에서 축복하는 사람입니다.

"여호와께서 네가 행한 일에 보답하시기를 원하며 이스라엘의 하나님 여호와께서 그의 날개 아래에 보호를 받으러 온 네게 온전한 상 주시기를 원하노라 하는지라"(룻 2:12)

다섯째, 긍휼의 사람입니다.

"식사할 때에 보아스가 룻에게 이르되 이리로 와서 떡을 먹으며 네 떡 조각을 초에 찍으라 하므로 룻이 곡식 베는 자 곁에 앉으니 그가 볶은 곡식을 주매 룻이 배불리 먹고 남았더라 룻이 이삭을 주우러 일어날 때에 보아스가 자기 소년들에게 명령하여 이르되 그에게 곡식 단 사이에서 줍게 하고 책망하지 말며 또 그를 위하여 곡식 다발에서 조금씩 뽑아 버려서 그에게 줍게 하고 꾸짖지 말라 하니라 룻이 밭에서 저녁까지 줍고 그 주운 것을 떠니 보리가 한 에바쯤 되는지라"(룻 2:14~17)

여섯째, 순종의 사람입니다.(룻 2:18~23)

"이에 룻이 보아스의 소녀들에게 가까이 있어서 보리 추수와 밀 추수를 마치기까지 이삭을 주우며 그의 시어머니와 함께 거주하니라"(룻 2:23)

하나님의 섭리 가운데 사는 그리스도인들은 "아도나이 이레"(돌보시는 하나님, 천지의 대 주재로 영원히 존재하시며 스스로 낮아지셔서 당신의 나라와 교회와 백성들과 거룩한 언약을 맺으시고 그 맺으신 언약을 이루시기 위하여 지켜 보시고 필요한 모든 것을 준비하시는 하나님)의 은총가운데 살아가게 됩니다.

룻에게 남편과 가정과 자식을 허락하시고 이방인 구원을 예표하기 위해 예수 그리스도의 조상이 되는 예상치 못한 엄청난 복을 허락하셨습니다.

그러므로 성삼위 하나님의 은혜로 "아도나이 이르에"(돌보시는 하나님)의 이름을 믿고 하나님을 영화롭게 하는 우리 모두가 되기를 기도합니다.

룻기 3장 1절

"룻의 시어머니 나오미가 그에게 이르되 내 딸아 내가 너를 위하여 안식할 곳을 구하여 너를 복되게 하여야 하지 않겠느냐"(개역개정판)

"그리고 그녀의 시어머니 나오미가 그녀에게 말했다. 내 딸아 내가 너를 위하여 네게 좋은 안식처를 찾아주어야 하지 않겠느냐?"(원문직역)

예수 그리스도의 대속 사역 은총으로 구원받은 그리스도인은?

첫째, 관용하고 배려하는 사람입니다.(룻 3:1~4)

"룻의 시어머니 나오미가 그에게 이르되 내 딸아 내가 너를 위하여 안식할 곳을 구하여 너를 복되게 하여야 하지 않겠느냐"(룻 3:1)

둘째, 예수 그리스도안에서 부모에게 순종하는 사람입니다.

"룻이 시어머니에게 이르되 어머니의 말씀대로 내가 다 행하리이다 하니라 그가 타작 마당으로 내려가서 시어머니의 명령대로 다 하니라"(룻 3:5~6)

셋째, 하나님 말씀에 순종하는 사람입니다.(삿 3:7~10)

"이르되 네가 누구냐 하니 대답하되 나는 당신의 여종 룻이오니 당신의 옷자락을 펴 당신의 여종을 덮으소서 이는 당신이 기업을 무를 자가 됨이니이다 하니 그가 이르되 내 딸아 여호와께서 네게 복 주시기를 원하노라 네가 가난하건 부하건 젊은 자를 따르지 아니하였으니 네가 베푼 인애가 처음보다 나중이 더하도다"(룻 3:9~10)

"형제들이 함께 사는데 그 중 하나가 죽고 아들이 없거든 그 죽은 자의 아내는 나가서 타인에게 시집 가지 말 것이요 그의 남편의 형제가 그에게로 들어가서 그를 맞이하여 아내로 삼아 그의 남편의 형제 된 의무를 그에게 다 행할 것이요 그 여인이 낳은 첫 아들이 그 죽은 형제의 이름을 잇게 하여 그 이름이 이스라엘 중에서 끊어지지 않게 할 것이니라"(신 25:5~6)

넷째, 과정을 올바로 세우는 사람입니다.(룻 3:11~13)

"참으로 나는 기업을 무를 자이나 기업 무를 자로서 나보다 더 가까운 사람이 있으니 이 밤에 여기서 머무르라 아침에 그가 기업 무를 자의 책임을 네게 이행하려 하면 좋으니 그가 그 기업 무를 자의 책임을 행할 것이니라 만일 그가 기업 무를 자의 책임을 네게 이행하기를 기뻐하지 아니하면 여호와께서 살아 계심을 두고 맹세하노니 내가 기업 무를 자의 책임을 네게 이행하리라 아침까지 누워 있을지니라 하는지라"(룻 3:12~13)

다섯째, 덕을 세우는 사람입니다.

"룻이 새벽까지 그의 발치에 누웠다가 사람이 서로 알아보기 어려울 때에 일어났으니 보아스가 말하기를 여인이 타작 마당에 들어온 것을 사람이 알지 못하여야 할 것이라 하였음이라"(룻 3:14)

여섯째, 긍휼을 베푸는 사람입니다.(룻 3:15~17)

"보아스가 이르되 네 겉옷을 가져다가 그것을 펴서 잡으라 하매 그것을 펴서 잡으니 보리를 여섯 번 되어 룻에게 지워 주고 성읍으로 들어가니라"(룻 3:15)

일곱째, 하나님의 섭리 가운데 이루어지는 주권적 결정을 기다리는 사람입니다.

"이에 시어머니가 이르되 내 딸아 이 사건이 어떻게 될지 알기까지 앉아 있으라 그 사람이 오늘 이 일을 성취하기 전에는 쉬지 아니하리라 하니라"(룻 3:18)

그리스도인은 우리들의 "고엘"(기업 무를 자, 구속자)이신 예수 그리스도의 품 안에서 회복되고 완성 되어져 가는 사람들입니다.

"이르되 네가 누구냐 하니 대답하되 나는 당신의 여종 룻이오니 당신의 옷자락을 펴 당신의 여종을 덮으소서 이는 당신이 기업을 무를 자가 됨이니이다 하니"(룻 3:9)

그러므로 성삼위 하나님의 은혜로 예수 그리스도의 품 안에서 회복되어 하나님을 영화롭게 하는 우리 모두가 되기를 기도합니다.

룻기 4장 4절

"내가 여기 앉은 이들과 내 백성의 장로들 앞에서 그것을 사라고 네게 말하여 알게 하려 하였노라 만일 네가 무르려면 무르려니와 만일 네가 무르지 아니하려거든 내게 고하여 알게 하라 네 다음은 나요 그 외에는 무를 자가 없느니라 하니 그가 이르되 내가 무르리라 하는지라"(개역개정판)

"그리고 내가 말한다. 내가 당신의 귀에 드러내어 말하노라. 네가 여기 앉아있는 자들 앞에서와 내 백성의 장로들 앞에서 사라. 만약 네가 무르려면 너는 무르라. 그러나 만일 무르지 않으려면 네게 말하라. 그리고 내가 알고 있다. 참으로 너 이외에는 무를 사람이 없다는 것을 그리고 내가 당신 뒤이다. 그리고 그가 말하였다. 내가 무르겠습니다"(원문직역)

룻기 4장은 이방인을 예표하는 이방 여인 룻이 예수 그리스도를 예표하는 보아스와 결혼하여 예수 그리스도의 조상이 되는 말씀입니다.(룻 4:18~22)

"살몬은 보아스를 낳았고 보아스는 오벳을 낳았고 오벳은 이새를 낳고 이새는 다윗을 낳았더라"(룻 4:21~22)

예수 그리스도의 대속 사역으로 구원 받은 그리스도인은?

첫째, 합법적 절차를 성실하게 이행하는 사람입니다.(룻 4:1~5)

"보아스가 그 기업 무를 자에게 이르되 모압 지방에서 돌아온 나오미가 우리 형제 엘리멜렉의 소유지를 팔려 하므로 내가 여기 앉은 이들과 내 백성의 장로들 앞에서 그것을 사라고 네게 말하여 알게 하려 하였노라 만일 네가 무르려면 무르려니와 만일 네가 무르지 아니하려거든 내게 고하여 알게 하라 네 다음은 나요 그 외

에는 무를 자가 없느니라 하니 그가 이르되 내가 무르리라 하는지라"(룻 4:3~4)

둘째, 지체들에 대한 헌신과 섬김의 사람입니다.(룻 4:6~10)

"보아스가 장로들과 모든 백성에게 이르되 내가 엘리멜렉과 기룐과 말론에게 있던 모든 것을 나오미의 손에서 산 일에 너희가 오늘 증인이 되었고 또 말론의 아내 모압 여인 룻을 사서 나의 아내로 맞이하고 그 죽은 자의 기업을 그의 이름으로 세워 그의 이름이 그의 형제 중과 그 곳 성문에서 끊어지지 아니하게 함에 너희가 오늘 증인이 되었느니라 하니"(룻 4:9~10)

셋째, 지체들에게 존경과 사랑을 받는 사람입니다.

"성문에 있는 모든 백성과 장로들이 이르되 우리가 증인이 되나니 여호와께서 네 집에 들어가는 여인으로 이스라엘의 집을 세운 라헬과 레아 두 사람과 같게 하시고 네가 에브랏에서 유력하고 베들레헴에서 유명하게 하시기를 원하며 여호와께서 이 젊은 여자로 말미암아 네게 상속자를 주사 네 집이 다말이 유다에게 낳아준 베레스의 집과 같게 하시기를 원하노라 하니라"(룻 4:11~12)

넷째, 예수 그리스도의 품 안에서 회복되고 평강을 누리는 사람입니다.(룻 4:13~17)

"여인들이 나오미에게 이르되 찬송할지로다 여호와께서 오늘 네게 기업 무를 자가 없게 하지 아니하셨도다 이 아이의 이름이 이스라엘 중에 유명하게 되기를 원하노라 이는 네 생명의 회복자이며 네 노년의 봉양자라 곧 너를 사랑하며 일곱 아들보다 귀한 네 며느리가 낳은 자로다 하니라"(룻 4:14~15)

모든 인생은 "고엘"(기업 무를 자, 구속자)이신 예수 그리스도의 품 안에서 회복됩니다.

" 그의 이웃 여인들이 그에게 이름을 지어 주되 나오미에게 아들이 태어났다 하여 그의 이름을 오벳이라 하였는데 그는 다윗의 아버지인 이새의 아버지였더라"(룻 4:17)

그러므로 성삼위 하나님의 은혜로 예수 그리스도의 품 안에서 회복되고 평강을 누리며 하나님을 영화롭게 하는 우리 모두가 되기를 기도합니다.

이 책의 출판소식에 전해온 찬사들

강대춘 은퇴목사

본인이 저자를 알고 교제하기는 1981년 합신(5회)에 입학하면서부터 41년, 오늘에 이르렀기에 저자의 학문과 인품과 성격상 많은 독자들도 한 번 빠지면 나올 수 없는 블랙홀이 되리라 생각한다. 저자는 성경 주석가이다. 성경주석에 필요한 조직신학과 교회사와 교회법과 원문의 해박한 지식과 경건이 있다.

김선일 목사 | 본이되는교회 원로

저자가 평소에 성경을 원문으로 직역하고 간단히 주석한 것을 이메일로 보내주어 받게 되었습니다. 그것은 성경내용을 명확하게 파악할 수 있게 했습니다. 거기에 달아놓은 핵심내용은 구속사적이요 철저히 하나님께만 의존하는 말씀중심의 신앙이요 성경과 하나님께서 말씀하시고자 하시는 핵심내용을 드러내어 크게 유익하였습니다.

고형근 목사 | 큰사랑교회

성경을 연구하는 작업은 즐겁고 행복하면서도 힘든 작업입니다. 김상수 목사님은 원문을 읽고, 직역하면서, 그 결과물을 평소에 카톡을 통해서 나눔을 하셨습니다. 성경을 성경으로 해석하려고 하셨으며, 무엇보다 성삼위 하나님을 드러내려고 애를 쓰셨습니다. 하나님께서 크게 기뻐하실 일이라고 여겨집니다.

김광수 목사 | 밀알교회 원로

제가 잘 알고 있는 김상수 목사님은 오직 성경에서만 이 해답을 찾고 영적으로 성령이 충만한 가운데에서 모든 사람들에게 소망을 주십니다. 그러기에 이 책을 통해 주님의 참된 제자로 교회를 섬기며 신앙생활을 훌륭하게 하도록 큰 힘이 되는 지침서가 될 것입니다. 독자에게 영혼을 깨울 수 있기를 기대하며 기도드립니다.

김광욱 목사 | 한샘교회

이 책은 누구나 접할 수 있도록 간단하고 쉬운 것 같으면서도 설교자에게는 귀한 영감을 성도에게는 넘치는 은혜를 신학연구자에게는 귀한 연구 자료를 제공할 보고가 될 것입니다.

김기일 장로 | 캡스톤 주님의교회, 국제 CBMC 부이사장 토론토

매일, 아침마다 대하는 목사님의 묵상은 대할 때마다 아름답고 맑은 영혼의 편지 같습니다. 이 시대에 다시 쓰여 지는 솔로몬의 묵상, 생명의 글들이 영혼들을 일깨워 주고 사랑하는 주님과 손잡고 살아가고자 하시는 모든 분들에게 영원한 사랑의 편지가 되시기를 바랍니다.

김상균 목사 | 제자된교회

성경 원문에 담긴 오묘한 교훈들을 성령의 지혜를 구하는 가운데 한 절, 한 절 연구하며 기록한 말씀들은 마치 성경의 깊은 우물에서 지금 막 길어 퍼 올린 생수와 같다는 느낌이다. 목회 35년, 평생 복음 메시지를 증거 해 온 저자가 깊은 연구와 묵상을 통해 감추인 보배를 찾는 듯(잠 2:4) 교훈을 담았기에 더욱 울림이 있다.

김조이 선교사 | 아프리카 말라위

서 있는 것만으로도 치열한 영적 전투현장에서, 히브리어와 헬라어 원어에 충실하게 깊이깊이 내린 우물물 두레박처럼 길어 올리신 생명수 말씀을 말라위까지 보내 주셔서 '지꼬모=감사합니다'. 그 생수를 선교현장에 고스란히 흘려보내며, 진리 예수 그리스도를 힘차게 전할 수 있었습니다. 모든 영광 하나님께. Soli Deo Glatia.

김태준 원로목사 | 중동교회

김상수 목사의 말씀을 묵상은 읽을수록 성경을 이해하고 말씀사역에 힘이 되며 유익함을 누린다. 말씀의 본래의 뜻을 정확히 알 수 있도록 원어의 의미를 담아내며, 문맥을 따라 핵심이 되는 내용을 질서 있게 정리해 주고 있다. 성경본문의 내용 파악을 잘 할 수 있도록 해 주고 있다. 여기에 묵상해서 살을 붙이면 훌륭한 설교가 된다. 이 내용을 묶어 책으로 내게 되니 심히 기쁘다.

김형원 목사 | 주님의 교회

김상수 목사님은 성경 말씀을 원문을 통해서 보다 원초적으로 하나님의 뜻을 깨닫고자 매일 연구한 것을 카톡으로 보내 주셨습니다. 아침마다 귀한 연구의 결과를 읽으면서 오직 말씀대로 살리라 다짐했던 목회 초심으로 돌아가곤 하였습니다. 감사합니다.

김호성 목사, 선교사 | 미동부, 뉴욕성시화운동 대표

창조주 하나님을 찬송함이 끊어지며, 하나님과 대면하는 기도조차 끊어지며, 세상이 심히 어두움으로 들어가고 있는 시대에, 김상수 목사님의 매일의 묵상은 우리들의 혼잡한 마음과 영혼이 평안으로 인도되어 잔잔한 호수와 같은 평안을 느끼게 해주며, 쉴만한 물가와 푸른 초장으로 우리들을 인도해 주고 있습니다.

박찬민 목사 | 양주 명성교회

군더더기 없이 간결하고 명쾌한 성경 원문 번역과, 성경 스스로 성경을 해석하게 하는 쉽고도 심오한 성경강해가, 인공조미료를 넣지 않은 순수 자연식품처럼 날것 그대로 성경의 진미를 맛보게 해주는 이제껏 그 누구도 시도해보지 않은 신기원의 지평을 연 성경번역 강해서이다.

박형서 선교사 | 한민족고구마나눔운동본부 대표

김상수 목사님은 영혼을 위한 샘물을 길어 섬기시는 교회의 성도와 그리스도 예수 안의 지체들에게 퍼 나르시는 종이십니다. 12년이 넘도록 오대양 육대주로 맑은 영혼의 생수를 하루도 빠짐없이 퍼 나르셨습

니다. 주님께서 세우신 성령의 사람, 말씀의 공명 나팔 소리였습니다. 하나님의 마음을 헤아리며 깊은 말씀의 은혜로 하나님의 이름을 찬양하게 되기를 기도합니다.

방예배 선교사 | 카자흐스탄

선교지에서 날마다 아침을 맞이하며 김상수 목사님의 말씀 묵상을 읽습니다. 메마른 광야 같은 삶의 현장에서 말씀 묵상을 통해 하늘의 은혜를 갈망합니다. 나와 이웃들의 삶 속에 하나님의 말씀이 샘물처럼 흘러 넘쳐 우리 안에 예수님의 생명이 가득하기를 소망합니다.

배현주 목사 | 주교개혁장로교회

이 저서는 김상수 목사님께서 주명교회의 성도들에게 카톡으로 보내는 매일 한 장의 성경을 일목요연하게 정리하였다는 장점이 있다. 그래서 특히 매일 새벽기도를 인도하는 목회자들에게 매우 유익 하리라고 본다. 저자가 원문의 분석까지 마치시고 정리한 이 메시지는 즉시 설명 할 수 있기 때문이다.

백경진 선교사 | 마다가스카르

매일, 흔들릴 수밖에 없는 환경 속에서 더욱 하나님을 중심으로 성경을 바라보고 또한 하나님의 인류 구원을 향한 그 분의 사랑과 은혜를 체험 할 수 있었습니다. 특히 전반적인 묵상의 내용이 철저하게 하나님의 말씀 중심이라는 점에서 영원히 변치 않으시는 하나님을 알아 가는데 더욱 한걸음 나아갈 수 있었습니다.

손경순 선교사 | 필리핀

2013년부터 오늘까지 아침마다 보내주시는 짧은 묵상의 말씀이 저에게는 매일 매일 새 아침을 여는 밝은 문입니다. 더욱이 그 날의 본문 말씀을 원문으로 직역 해 주셔서 좀 더 이해하기가 쉬었습니다. 카톡으로 보내 주셔서 소수의 사람만 읽을 수 있었던 묵상의 말씀이 책으로 엮어져 많은 분들이 읽을 수 있다니 감사합니다.

송은근 목사 | 새로남교회

김상수 목사님께서 아침마다 보내주시는 말씀은 사막을 출발하는 첫 걸음에 내 영혼에 새벽이슬과 하늘의 만나(Dailly bread)를 주심과 같이 느낍니다. 이 만나를 새벽에 성도들과 나누기도 합니다. 감사합니다.

심성형 선교사 | R국

할렐루야! 하나님의 은혜입니다. 하나의 책은 하나님을 알아가는 징검다리와 같다고 볼 수 있습니다. 작은 강물이 흘러서 큰 바다로 모이는 것처럼 말씀 하나하나 모여 큰 말씀을 이루는 은혜를 경험합니다. 2014년, 이 말씀을 처음 받을 때 생각이 납니다. 개혁주의 입장에서 말씀을 배워야 한다고 가르쳐 주신 김상수 목사님께 감사를 드립니다.

윤여성 목사 | 열린문교회

많은 성도가 이런 목마름을 느끼는 그런 형편 속에 처해 있을 때 '합신'에서 만난 우리 친구 김상수 목사는 개혁주의 신학에 바탕한 계시적 혜안과 해석을 담은 온라인 말씀 사역을 하며 매진해 왔습니다. 저는 처음부터, 이 단톡방의 단골손님으로 오늘까지 큰 혜택을 누려 왔습니다. 그는 폭 넓은 목회의 영지를 확장시키며 수많은 사람들에게 그의 영적 기쁨과 축복을 베풀기에 지치지 않았습니다.

이선상 대표 | 썬디스플레이, 전나사렛형제들신협이사장

언제부터인가 잠언서를 보면서 깊이가 있는 묵상 나눔으로 생각해 보았다. 목사님의 탐구는 한 두 개, 서너 개가 아니라 배 이상의 깊이가 번호로 나열된다. 그것이 원문에 입각하니 저렇게 다채로운 관점을 갖게 되는구나, 이런 생각을 종종 했었다. 한 가지, 한 가지 내용들이 때로는 깊고 넓어서 묵상하는 사람 입장에서는 참 좋은 교보재가 된 듯 싶다.

이진희 선교사 | 나이지리아

김상수 목사님의 카톡 큐티는 한 줄기의 맑은 물이 목을 축이는 것 같았습니다. 기본에서 벗어나지 아니하고 차분하게 본문에 충실하게 풀어가는 말씀은 하나님의 마음을 알아 가는데 아름다운 길잡이 역할을 하고 있습니다. 기독교인의 삶을 바르게 훈련하는데 귀한 길잡이라고 사료됩니다.

조평안 선교사 | 베트남

365일 하루도 빼놓지 않고 사모님을 통해 보내주시는 주명교회 김상수 목사님의 아침 큐티는 매일 아침 말씀을 깊이 있게 들여다보게 하며 생각하게 하고 또한 깨닫게 하는 생수와 같고 만나와 같은 젖줄이다. 선교사역에 큰 힘이 된다.

주승규 선교사 | 일본 사와라 그리스도교회

답답하고 어두운 코로나 시대에 시원한 얼음 생수 생명수 넘치는 말씀! 코로나로 인한 팬더믹 속에서 공포에 떠는 모든 이에게 예수 그리스도를 통하여 생명의 빛과 소망과 확신을 공급해 주는 말씀입니다. 항상 말씀과 복음 전파의 열정이 가득하신 저자의 매일 큐티를 읽으며, 일본선교 1퍼센트 벽을 통과하는데 많은 힘이 되고 있습니다.

최동주 목사 | 석천제일교회

저자에게서 진리의 말씀을 원어 중심으로 해석하여 원리를 찾아 적용하시는 연구와 삶은 구도자적 모습을 볼 수 있었다. 매일 보내주시는 김 목사님의 성경석의를 토대로 설교 본문을 점검하여 오류를 찾아냈고 수정 보완하여 설교를 마무리하는 습관이 생겼다. 이렇게 책으로 발간될 수 있는 기회를 주신 것에 하나님께 진심으로 감사를 드린다.

황진호 선교사 | 한태글로벌문화센터 대표

몇 년 전부터 멀리 떨어져 있는 태국에까지 하루도 빠짐없이 매일 아침 카톡으로 김상수 목사님의 큐티를 보내주고 계신다. 목사님의 수고와 헌신으로 하나님의 말씀을 더 깊이 있게 묵상하고 기도하므로 하나님께 더 성숙한 자리로 나아가게 됨을 고백한다. 아울러 아침에 묵상하고 기도한 내용들은 저희 현지 사역자들과 성도들에게 자연스럽게 흘러가게 되어 진심으로 감사드린다. 이 카톡 큐티가 저뿐 아니라 더 많은 선교지와 선교사들에게 축복의 통로로 사용되어지기를 간절히 기원한다.

가나안정복이야기

1판 인쇄일 2023년 3월 22일
1쇄 발행일 2023년 3월 29일

지은이 _ 김상수
펴낸이 _ 한치호
펴낸곳 _ 종려가지
등록 _ 제311-2014-000013호(2014. 3. 20)
주소 _ 서울특별시 은평구 은평로 14길, 9-5
전화 02. 359. 9657
디자인 _ 표지 이순옥 / 본문 구본일
제작대행 _ 세줄기획/ 전화 02. 2265. 3749
영업(총판) _ 일오삼/ 전화 02. 964. 6993,
팩스 02. 2208. 0153

값 11,000 원

ISBN 979-11-90968-60-7

* 저자 연락처 010-4586-9892